김밀란 리조또

김밀란 리조또

이탈리아에서 요리하는 셰프의
정통 리조또 바이블

김밀란 지음 | 안동진 사진

추천사

    이탈리아는 예술과 역사, 문학으로 대표되는 나라입니다. 또한 음식과 와인 역시 이탈리아를 설명할 때 빼놓을 수 없습니다.

    저는 30년간 이곳, 이탈리아에서 셰프로 일하며 본국 요리의 근본 철학을 지키고 재료 본연의 맛을 구현하기 위해 최선을 다해 오고 있습니다. 다행히도 저와 함께하는 훌륭한 동료들 덕분에 흔들리지 않고 철학을 지켜올 수 있었습니다.

    그중에서도 민은 언제나 탁월한 능력을 보여주는 동료였습니다. 제 기억 속의 그는 이탈리아어를 한마디도 알아듣지 못했던, 수줍음 많고 내성적인 청년입니다. 하지만 놀랍도록 신중한 면모, 섬세한 기술과 집요함으로 불과 4년 만에 뛰어난 자질을 지닌 전문 셰프로 성장했습니다. 그는 정확한 레시피와 꾸준한 실력, 방대한 지식으로 우리 주방에서 빼놓을 수 없는 일원이 되어주었습니다.

　　　우리 레스토랑은 코로나로 팬데믹 상황을 맞이하기 전까지 일주일에 단 하루 휴무였고, 덕분에 직원들의 쉬는 날이 모두 달랐습니다. 그렇기에 파트에 공석이 발생할 때마다 서로 빈자리를 채워주어야만 했습니다. 민이 이곳에 합류한 지 얼마 되지 않았을 무렵 그가 프리미(파스타, 리조또를 통칭하는 단어) 파트를 담당해 리조또를 요리한 적 있는데, 매번 훌륭한 요리를 선보였습니다. 덕분에

머지 않아 그에게 프리미 파트를 온전히 맡길 수 있었습니다. 그렇게 그는 이곳에서 전체 파트를 시작으로 프리미를 거쳐 메인 요리 담당 자리까지 매우 빠르게 성장해 나갔습니다.

그는 뛰어난 기술과 빼어난 감각, 미각을 비롯해 요리사의 가장 큰 자질인 일관성을 지닌 요리사입니다. 높은 수준의 결과물을 매번 일관성 있게 만들어내는 일은 저 역시 쉽게 접하거나 넘볼 수 없는 특별하고 귀한 재능입니다. 민은 이 재능으로 우리 레스토랑의 수준을 높여주었습니다. 우리로서는 그가 우리와 함께한 것에 운이 좋았다고밖에 표현할 수 없을 것입니다.

나를 포함한 우리 레스토랑의 동료들은 모두 그의 미래를 응원하고 있습니다. 아마 지금보다 더 멋진 미래가 펼쳐지지 않을까 확신하고 또 기대하고 있습니다.

좋은 기회로 그의 두 번째 책인 《김밀란 리조또》를 추천할 수 있게 되어 매우 기쁩니다. 이 책에는 그의 첫 책인 《김밀란 파스타》 못지않은 훌륭한 요리와 정확한 설명으로 가득합니다. 한국의 독자들이 이 책, 그리고 민의 영상을 통해 이탈리아 요리와 문화를 보다 친숙하고 정확하게 이해하게 되기를 진심으로 바랍니다.

언제나 그의 성공을 기원합니다.

안토니오 귀다 Antonio Guida

인사말

첫 책을 내고 두 번째 책을 내기까지 또 1년이라는 시간이 흘렀다.

2021년은 나에게 잊을 수 없는 한 해였다. 전 세계가 코로나19 팬데믹으로 인류 역사상 전에 없이 고통스러운 시기를 보냈던 바로 그때, 나 역시 인생의 큰 터닝포인트를 맞았다. 유튜브를 통해 전 세계 수많은 구독자를 만났고, 이를 계기로 책 출판이라는 쉽지 않은 일에 도전했기 때문이다.

사실 첫 책의 주제를 정하는 것은 내게 너무나 쉬운 일이었다. 누구나 '김밀란' 하면 가장 먼저 '파스타'를 떠올렸으니까. 그동안 유튜브 채널을 통해 많이, 또 꾸준히 소개했던 파스타를 자세한 설명과 사진으로 담으면 그뿐이었다. 그렇게 《김밀란 파스타》가 탄생했다. 이때는 새로운 파스타를 선보이기보다 한국에서도 꽤 대중적인 요리인 파스타에 관한 잘못된 인식을 바로잡고 정통 이탈리아식 요리법과 현대 이탈리아 요리를 소개하는 데 중점을 뒀다. 그렇게 선보인 나의 첫 책을 접한 독자들이 다소 어려울 수 있는

이론과 설명을 따라 하고 그 맛에 감탄하며, 정통 레시피에 관심이 높아졌다는 것에 큰 보람을 느꼈다.

그래서 두 번째 책의 주제로 리조또를 선택한 것은 어쩌면 자연스러운 결정이었을지도 모른다. 고백하자면 두 번째 책의 주제를 리조또로 하겠다는 생각은 사실 나의 아이디어가 아니었다. 이미 세계적으로 유명하고 대중적인 요리임에도 한국에서만큼은 여전히 리조또가 낯설고 마이너한 분야였기에 선뜻 책의 주제로 선택하기가 망설여졌다.

하지만 여러 논의를 거치면서, 또 다양한 조사를 통해 파스타에 관한 책이 수천 권 출간된 것과는 반대로 리조또를 주제로 한 책이 한국에 거의 전무하다는 사실을 알게 되었다.

이탈리아에서 요리하는 요리사로서, 또 이탈리아 요리를 사랑하는 사람으로서 일종의 의무감을 느꼈을 수도 있겠다. 리조또에 대한 개인적인 애정은 차치하고서라도, 다양한 파인다이닝에서의 조리 경험과 그 속에서 맛보고 만들었던 수많은 리조또를 생각하면서, 한국에 리조또를 제대로 소개해 보고 싶은 욕심이 생겼다. 그렇게 두 번째 책의 주제로 리조또가 결정되었다.

물론 이 책은 리조또에 대한 논문이 아니다. 하지만 단순한 레시피북 역시 아니다. 이탈리아 역사를 관통하며 발전해 온 리조또에 대해 알아보고, 나의 경험과 다양한 자료를 바탕으로 리조또에 대한 정확하고 필수적인 지식을 제공하고자 했다.

이 책이 나보다 더 전문적인 분들이 리조또에 대해 즐겁게 토론하고 이야기 나눌 수 있는 계기가 되길, 더 나아가 이탈리아 요리에 대한 더 많은 관심과 사랑으로 이어지는 통로가 되길 바란다.

2023년 1월 밀라노에서
김밀란

서문

최초의 리조또, 누가 발명했을까? 대부분의 요리가 그렇듯 정확한 창시자를 알 길은 없다. 시대의 흐름에 따라 기후와 지역, 만드는 사람 등 다양한 주변 환경에 의해 수없이 많은 변화를 거치며 오늘날 우리가 리조또라 부르는 모습을 갖추었으리라.

다만 피자나 파스타와 달리 리조또는 원래 모습 그대로를 유지하고 있는 요리다. 피자와 파스타는 널리 대중화되어 전 세계로 빠르게 퍼져 나갔다. 그 과정에서 각 나라의 향신료, 문화 등이 흡수되어 다양한 맛과 모양새로 변형되기도 했다. '정통'이라는 말이 무색할 만큼 말이다.

하지만 리조또는 달랐다. 처음 시작 그대로, 외부의 영향을 적게 받아 레시피의 변형이 적다. 이것이 리조또가 다른 이탈리아 요리와 명백히 구분되는 지점이다.

사실 이탈리아 요리는 이미 전 세계에서 하나의 장르로 자리 잡은 지 오래다. 상대적으로 가까운 유럽이나 미국은 물론이고 한국이나 일본과 같은 머나먼 동북아시아에서도 이미 확고한 위치를 차지하고 있음은 누구도 부정할 수 없다.

그와 동시에 각 국가의 문화, 환경 차이에 따라 조리법에 변화가 있었음이 분명하다. 현지화는 하나의 요리가 다른 나라에 정착하면서 발생하는 필연적인 과정이기 때문이다. 당연히 지리적 특성에 따라 식재료에 변형이 생길 수밖에 없고, 해당 국가의 문화나 식습관에도 영향을 받는다.

최근 인터넷에서는 잘못 조리된 이탈리아 요리를 보며 머리를 감싸 쥐고 괴로워하는 이탈리아인들의 반응이 담긴 영상이 유행하고 있다. 자국 요리에 대한 이탈리아 사람들의 자부심을 농담처럼 표현한 것인데, 사실 이탈리아 요리를 하는 사람으로서 이를 단순한 농담으로만 받아들일 수가 없다.

현지화는 당연한 현상이고 서로 다른 문화가 만나 기존의 요리가 새로운 형태로 발전한다는 데 의미가 있지만 이렇게 변형된 요리가 '정통 이탈리아 요리'로 소개되는 것은 문제가 있다. 변형된 레시피에 대한 지적을 '현지화'라는 개념으로 무조건 방어하는 태도도 옳지 못하다.

한국의 진짜 된장찌개 조리법을 알려주겠다는 외국인이 된장 대신 낫토를 사용하고 찌개용 두부 대신 순두부를 추가하는 모습을 상상해 보라. 우리라고 이탈리아 사람들과 다른 반응을 보일 수 있을까?

세대를 거쳐 지식의 전승을 통해 전해 내려오는 것을 우리는 전통 요리라고 부르며, 이러한 고유의 요리를 지키고 이어나가는 시도를 매우 가치있게 여긴다. 리조또는 다양한 식재료와 자유롭게 결합해 응용할 수 있는 요리이긴 하지만, 최초의 레시피에서 크게 변하지 않고 이어져 내려오는 전통 요리다. 그렇기에 리조또야말로 순수한 이탈리아 요리라고 할 수 있다.

이런 이유로 나는 이번 책을 통해 아직 우리나라에 제대로 알

러지지 않은 리조또를 최대한 정확히 소개하려고 한다. 리조또라는 요리에 관한 여러 지식과 이탈리아에서 쌓은 경험을 한국 실정에 맞추어 소개하겠다. 이 책을 통해 진짜 리조또와의 첫 만남을 가져보기 바란다.

차례

추천사 04
인사말 08
서문 12

Chpater 1
리조또

① 리조또, 제대로 알고 시작하자
: 누구도 궁금하지 않았을, 하지만 알고 보면 재미있는 쌀의 역사 22
: 과거 이탈리아에서는 쌀을 어떻게 활용했을까 23
: 리조또의 기원이 스페인의 파에야라고? 25
: 드디어, 리조또 조리법이 확립되다 26
: 이탈리아 미식 한 그릇, 리조또 28

② 리조또의 처음과 끝, 쌀
: '쌀의 왕' 탄생 34
: 쌀의 구조와 전분의 특성을 이해해 봅시다 35
: 아밀로오스 vs 아밀로펙틴 38
: 한국 쌀로 리조또를 만들면 40

③ 리조또 역시, 만테까레!
: 만테까레란? 44
: 성공적인 만테까레를 위한 세 가지 조건 45
: 리조또의 만테까레 46

④ 더 완벽한 리조또를 위한 김밀란의 TIP
: 완벽한 리조또를 위한 핵심 요소, 온도! 50
: 리조또에 사용하는 쌀은 씻어야 할까? 52
: 적절한 쌀과 육수의 비율이란? 52

⑤ 리조또를 위한 조리도구

Chpater 2
리조또, 시작하기 전에

① 치즈
: 치즈의 기초   60
파르미지아노 레지아노 치즈   61
페코리노 로마노 치즈   61
마스카르포네 치즈   62

② 버터
: 버터의 기초   63
신 버터   64
헤이즐넛 버터   66
허브 버터   68

③ 육수
: 육수의 기초   70
닭 육수   71
소 육수   74
채소 육수   76
비스크 육수   78

④ 소금, 허브, 올리브유

Chpater 3
Terra 땅

파마산 리조또	92
까르보나라 리조또	100
버섯 리조또	108
레몬 리조또	120
단호박 리조또	126
아스파라거스 리조또	136
라디키오 레드와인 리조또	146
완두콩 살시차 리조또	154
사프란 리조또	162
밀라네제 리조또	168

Chpater 4
Mare 바다

홍합 토마토 리조또	178
해산물 리조또	186
새우 콜리플라워 리조또	194
주꾸미 오르조또	202
+ 주꾸미 라구	204
훈제 연어 허브 리조또	214
홍합 감자 오르조또	220
새우 토마토 오르조또	230
먹물 리조또	238
체르토사 리조또	248
바칼라 만테카토를 곁들인 대파 크림 리조또	256
+ 바칼라 만테카토	258

마치며	268
참고문헌	270

Chpater 1

Risotto
리조또

① 리조또, 제대로 알고 시작하자

리조또를 만드는 것은 종종 하나의 예술로 표현된다. 리조또가 이탈리아 미식의 중심에 있는 요리여서이기도 하고, 리조또에는 요리를 하나의 예술로 보는 이탈리아 사람들의 관점이 깊이 깔려 있기 때문이기도 하다. 이탈리아의 영혼이 깃든 리조또는 언제부터 그들의 삶 속에 자리 잡게 되었을까?

누구도 궁금하지 않았을, 하지만 알고 보면 재미있는 쌀의 역사

리조또의 역사는 쌀 전파의 역사와 같다. 쌀을 떼어놓고는 리조또의 역사를 설명할 수 없기 때문이다.

이탈리아에 쌀이 처음으로 소개된 시기는 12~13세기 사이로 추정된다. 정확한 시점이나 전파 경로에 대해서는 아직도 의견이 분분한 것이 사실이다. 다만 쌀 품종 대부분이 동양에서 전해졌으며 당시 이탈리아에서는 쌀이 후추와 같은 향신료의 하나로 소비되었을 것이라고 짐작한다.

쌀의 전파 경로에는 크게 세 가지 가설이 있다. 첫 번째는 교역의 결과로 베네치아를 통해 이탈리아 본토로 전파되었다는 설이다. 하지만 이는 가장 설득력이 적고 사실상 학자들 사이에서도 폐기된 주장이다.

두 번째는 아랍 문화권에 의한 전파다. 문화적으로나 역사적으로 유럽에 많은 영향을 끼쳤던 아랍에서는 쌀과 우유를 활용한 디저트가 흔했는데, 당시 아랍의 지배를 받던 시칠리아를 통해 쌀이 이탈리아 본토로 전파되었다는 의견이다.

마지막으로 15세기경 스페인 아라곤 왕국의 나폴리 통치를 통해 본격적으로 쌀이 전파되었다는 가설이 있다. 이 시기 동양의 쌀이 아랍을 거쳐 이베리아반도로 전해졌고 이후 나폴리를 거쳐 이탈리아 전역으로 전파되었다는 것이다.

이 세 가지 가설 중 가장 신뢰를 얻는 것은 마지막 스페인을 통한 전파설이다. 그러나 무엇이 정확한 주장인지는 여전히 확언할 수 없으며 다만 세 가설 모두 비슷한 시대를 배경으로 한다는 점에서 쌀의 전파 시기를 어렴풋하게나마 유추한다.

과거 이탈리아에서는
쌀을 어떻게 활용했을까

이탈리아에서는 15세기 이전까지 쌀을 향신료나 의약품, 사치품으로 취급해 굉장히 고가에 거래했다. 서민보다는 왕실, 귀족들을 위한 재료로 소비되었다. 실제로 유럽 최초 의과대학교인 살레르노 의과대학교 Scuola Medica Salernitana에는 쌀이 약용으로 사용되었다는 기록이 남아 있기도 하다.

다만 쌀이 의약품이나 향신료로 활용되면서 이탈리아에서 쌀이 재배되기 전에도 우유나 육수에 쌀을 삶아 요리하는 조리법은 전파된 상태였다. 그러다 서민들에게까지 쌀이 보급되었을 때 '쌀을 삶아서 익혀 먹는다'는 공식이 완성되었다. 당시의 위생 상태를 고려한다면 익힌 쌀이야말로 가장 위생적인 식품 중 하나였으리라.

쌀을 삶아서 익힌다는 개념은 이탈리아식 채소 수프인 미네스트로네 minestrone에 쌀을 넣고 삶아 먹는 데서 시작한다. 따라서 당시에는 쌀을 수프에 넣어 요리하는 수많은 재료 중 하나로만 인식했을 뿐, 쌀을 주재료로 활용한 요리는 발견되지 않는다.

리조또의 기원이
스페인의 파에야라고?

그렇다면 이탈리아의 리조또는 어떻게 탄생했을까? 리조또의 시작에 대해 설명하기 전에, 중앙아시아와 카리브해에서 발달한 요리인 필라프^{pilaff}와 스페인의 파에야^{paella}를 살펴볼 필요가 있다.

종종 이탈리아의 리조또가 파에야나 필라프에서 유래했다고 이야기하는 사람도 있는데, 이는 쌀을 볶은 뒤 육수를 부어 익히는 조리법이 동일한 탓이다. 파에야를 리조또의 기원이라 보는 이들은 이 조리법이 스페인 아라곤 왕조의 나폴리 통치를 통해 쌀과 함께 이탈리아에 전파되었다고 주장한다. 하지만 이와 관련한 공식적인 기록이나 문서는 전혀 찾을 수 없다. 따라서 이 주장 역시 하나의 추론에 불과하다.

무엇보다 파에야를 리조또의 초기 형태라 볼 수 없는 가장 큰 이유는 목표하는 바가 완전히 다르기 때문이다. 필라프와 파에야는 육수를 한번에 넣고 증발시킨 뒤 완전히 밥을 익혀 요리를 완성한다. 특히 파에야의 경우 냄비 바닥에 눌어붙은 누룽지 같은 바삭한 식감이 강조되는데, 이는 리조또보다는 이탈리아 남부 지역의 전통 요리인 사르투^{sartu}나 팀발로^{timballo}, 아란치니^{arancini}와 같이 크러스트한 식감을 중시하는 요리에 더 가깝다. 결국 파에야와 리조또는 명확히 다른 방향의 식감을 추구하는 요리인 셈이다.

물론 필라프나 파에야가 리조또 탄생에 아무런 영향도 끼치지 않았다고 단언할 수는 없다. 특히 쌀을 볶다가 육수를 부어 익힌다는 기초 개념이 동일하다는 사실은 부정할 수 없다. 다만 이후 두 요리는 완전히 다른 방향으로 발전해 나갔음도 분명하다.

드디어,
리조또 조리법이 확립되다

리조또를 정의하는 고유한 조리 순서(쌀 볶기-단계적인 육수 추가-부드러운 질감을 위한 만테까레)는 언제 어떻게 탄생한 걸까?

앞서 파에야나 필라프가 리조또의 기원이라는 공식적인 기록이 없다고 했지만, 파에야의 조리법 자체는 17세기부터 여러 여행기를 통해 이탈리아에 명확하게 소개된 상태였다. 따라서 쌀을 볶다 육수를 넣어 익히는 파에야 조리법이 리조또의 시작에 영향을 끼쳤으며, 요리의 필수 재료로 양파를 활용하는 중동 요리의 특성, 그리고 수프에 쌀을 넣어 익혀 먹는 이탈리아 고유의 습성이 결합해 리조또의 레시피가 확립되었으리라 추측할 수 있다. 다만 육수를 여러 번 나눠 넣으며 익히는 리조또만의 조리법이 어떻게 시작했는지는 여전히 알 수 없다.

최초의 리조또 레시피는 18세기에 등장한다. 18세기 말 나폴리 궁중 요리사인 빈첸초 코라도 Vincenzo Corrado 가 자신의 저서에서 리조 인 카뇨네 riso in cagnone 의 레시피를 소개했는데, 이 방식이 현재의 리조또 조리법과 상당히 유사하다.

> 카사롤라(바닥이 평평하고 넓은 납작한 냄비)에 버터, 다진 송아지 지방, 다져서 준비한 햄과 버섯, 트러플 및 파슬리를 쌀과 함께 볶는다. 조리 과정 내내 나무 주걱으로 저어준다. 재료가 모두 익으면 닭, 소, 햄으로 끓인 진한 육수를 조금씩 부어 천천히 익힌다. 조리가 끝나면 생햄으로 만든 소시지와 함께 낸다.

이 기록을 통해 리조또 레시피가 단순히 쌀을 삶는 것이 아닌 육수를 부

어가며 익혀 부드럽게 조리하는 방식으로 발전했음을 알 수 있다.

이후 특정한 이름 없이 팬 라이스$^{riso\ in\ padella}$로 통칭되던 이 요리는 1790년에 발간된 야고보 안토니오 알베르타치$^{Jacopo\ Antonio\ Albertazzi}$의 저서에서 방언의 한 형태인 risort(리조르트)라고 처음 언급된다. 바로 이것이 이후 이탈리아 표준어인 risotto(리조또)로 자리 잡는다.

오늘날의 리조또와 매우 유사한 형태인 밀라노식 리조또인 알라 밀라네제$^{risotto\ alla\ milanese}$는 1800년대에 이르러 처음 등장한다. 1809년 저자가 알려지지 않은 《현대 요리사$^{cuoco\ moderno}$》라는 한 요리책에서 리조 쟐로 인 파델라$^{riso\ giallo\ in\ padella}$, 즉 노란색 팬 라이스가 소개된 것이다. 이후 1829년 펠리체 루라스키$^{Felice\ Luraschi}$의 《경제적인 새로운 밀라노 요리사$^{nuovo\ cuoco\ milanese\ economico}$》라는 저서에서 밀라노식 노란 리조또라는 의미의 리조또 알라 밀라네제 쟐로$^{risotto\ alla\ milanese\ giallo}$가 명시됨으로써 밀라노식 리조또라는 이름이 태어났다. 현대식 리조또의 공식적인 첫 등장이다.

이탈리아 미식 한 그릇, 리조또

이탈리아는 1500년 이상 지역마다 다른 언어를 사용했으며 1900년대에 이르기까지 문화적으로 분열되어 있었다. 사실상 사보이아^{Savoia}가를 통해 리조또 조리법이 북부 전역으로 전파되기 전까지 리조또는 롬바르디아를 포함한 일부 지역에 한정된 요리였다. 1890년대에 도서 《주방의 과학$^{scienza\ di\ cucina}$》에서 리조또 레시피를 소개하면서 리조또는 더 이상 수프를 기본으로 한 조리법이 아닌 고유의 요리로 알려지기 시작한다.

여기서 잠시, 리조또와 수프의 차이를 알아보자. 이 둘의 가장 큰 차이는 바로 쌀과 수분의 비율이다. 수프는 많은 양의 수분을 포함해 숟가락으로 떠먹어야 하는 요리다. 반면 리조또는 너무 적지도 흥건하지도 않은 수분 비율로 부드러운 질감을 유지하되 포크로 먹을 수 있는 점도를 유지해야 한다. 이것은 오늘날까지도 그대로 이어지는 기본 개념이다.

당시 완전히 새로운 개념의 요리였던 리조또는 그 조리법이 이탈리아 북부 사교계를 강타하며 엄청나게 유행하기 시작한다. 이후 이탈리아가 하나의 국가로 통일되면서 자연스레 문화 통합이 이루어졌고, 이 흐름과 함께 리조또의 명성은 이탈리아 전역으로 퍼져나간다.

1914년, 제1차 세계대전이 발발하고 유럽 전역은 극심한 식량난에 시달린다. 이를 타개하기 위해 이탈리아 정부는 전국에 쌀을 보급하기 시작했고, 이 과정에서 리조또는 사교계와 고위층의 전유물에서 벗어나 대중에게 더욱 친숙한 요리가 되었다.

전쟁이 끝나고 이탈리아 경제가 발전하면서 미식의 영역도 발전을 거듭했다. 그와 동시에 리조또라는 요리에 대한 관심도 급증했다. 다양한 지역의 요리사가 각 지역의 다양한 식재료를 조합하며 리조또를 재해석하고 새롭게 소개하면서 리조또는 어느덧 명실상부 이탈리아 미식에서 빠뜨릴 수 없는 음식으로 자리 잡게 된다.

김밀란의 요리 TMI: 오르조또란?

최근 이탈리아 요리를 전문적으로 소개하는 식당이 늘어나면서 오르조또orzotto라는 이름을 접할 기회가 늘고 있다. 리조또와 이름도 모양도 비슷한 오르조또란 도대체 어떤 요리일까? 또 리조또와 오르조또에는 어떤 차이가 있을까?

오르조또는 보리를 뜻하는 이탈리아어 오르조orzo와 리조또의 합성어로, 간단히 말해 보리를 이용해 만든 리조또다. 이탈리아 북동부의 프리울리 베네치아 줄리아 지역에서 발달한 요리다. 오르조또는 리조또와 마찬가지로 재료 사용이 자유로워 응용의 폭이 넓다.

최근 쌀, 특히 백미를 섭취하는 것에 부담을 느끼는 사람과 건강상의 이유로 쌀 섭취를 줄여야 하는 사람이 늘면서 오르조또에 대한 관심도 높아지고 있다.

보리는 찰기가 있는 찰보리와 찰기가 매우 적은 메보리로 나뉘고, 각각의 보리가 쌀보리와 겉보리로 나뉜다. 쌀보리는 껍질이 얇고 잘 벗겨지는 덕분에 도정이 더 간편하다. 반면 겉보리는 껍질이 두껍고 겨와 보리가 단단하게 붙어 있어 잘 벗겨지지 않기 때문에 도정 시 깎여나가는 부분이 많다.

오르조또에 더 적합한 보리는 쌀보리로, 물에 불릴 필요 없이 리조또 레시피와 동일한 방식으로 조리하면 된다. 다만 리조또에 비해 조리 시간은 약 1.5~2배 정도 길어진다. 쌀보리는 쌀에 비해 찰기가 떨어지기 때문에 리조또보다는 더 뻑뻑한 질감이며 조리법에 따라 식감의 편차가 크다.

사실 오르조또는 리조또와 같은 부드럽고 크리미한 질감을 내기 쉽지 않다. 책에서 소개한 오르조또 조리법은 리조또만큼 부드러운 질감과 더불어 보리 특유의 거친 식감이 살아 있도록 구성하였으니 도전해 보기 바란다.

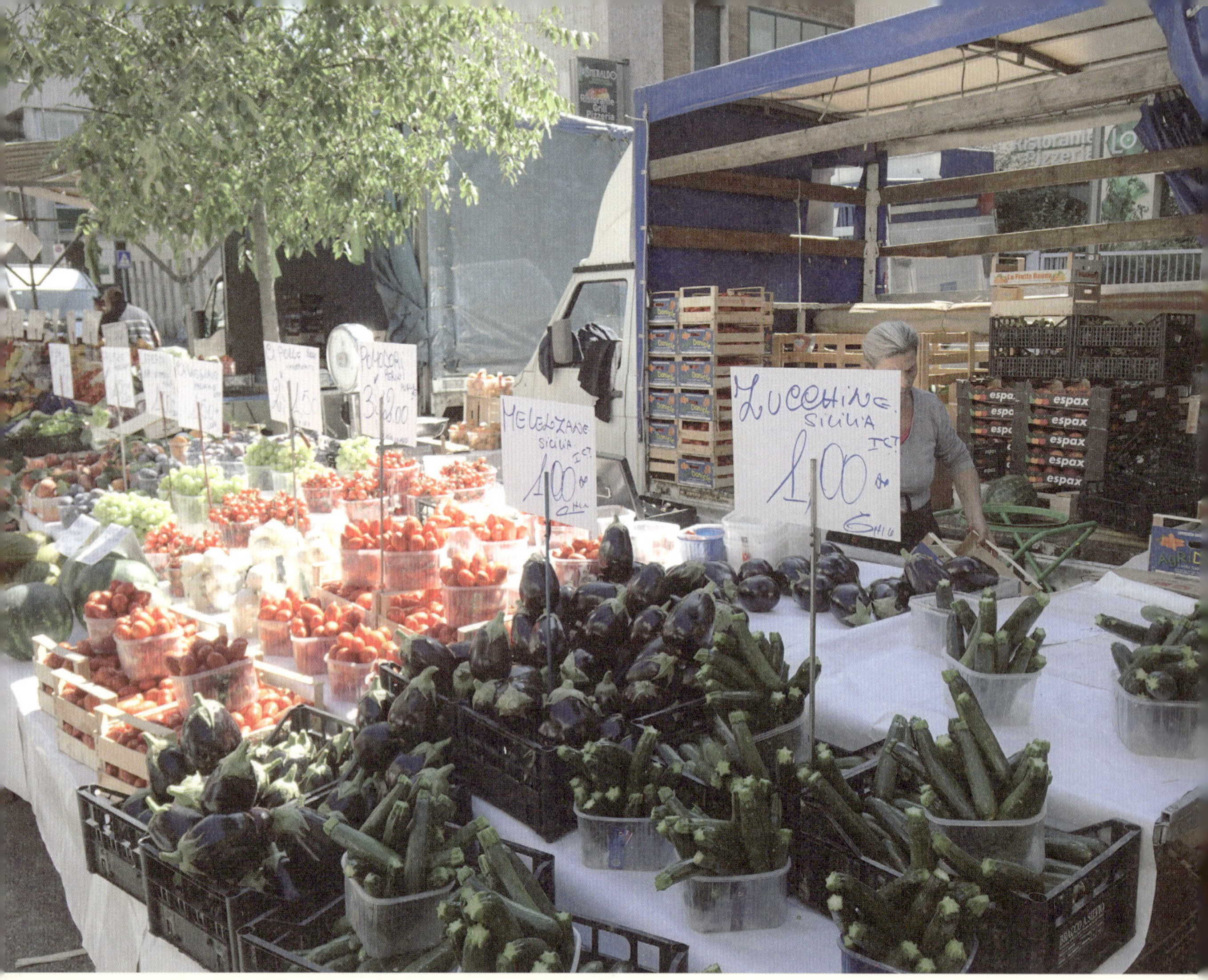
ZUCCHINE
SICILIA
1,00
MELENZANE
SICILIA
1,00
espax

ASTA
FRUTTALTEDO
SOLO FRUTTA ITALIANA

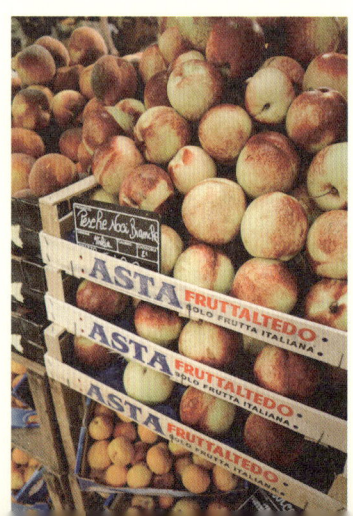

② 리조또의 처음과 끝, 쌀

누가 뭐라 해도 리조또의 주재료는 쌀이다. 육수나 버터, 치즈, 고기, 해산물 등 다른 부재료를 포함하긴 하지만 리조또라는 요리의 정체성은 쌀 없이는 완성될 수 없다.

이탈리아에도 수많은 쌀 품종이 있고, 누구나 쉽게 구매할 수 있도록 세척과 도정 과정을 거친 뒤 판매된다. 덕분에 자신의 목적에 따라 누구나 손쉽게 쌀을 구매해 활용할 수 있는데, 그렇기에 쌀 선택에 대한 고민이 더욱 깊어진다. 리조또에 적합한 쌀 품종이 따로 있을까? 이탈리아 쌀과 한국 쌀은 어떤 차이가 있을까? 과연 한국 쌀로 이탈리아 정통 리조또의 식감을 구현해낼 있을까?

위 질문에 대한 답을 찾기 위해 지금부터 조금 복잡한 설명을 시작할 참이다. 다소 어렵다고 생각할지도 모르겠다. 하지만 모두 읽고 나면 리조또 조리법의 원리와 개념을 그 누구보다 완벽하게 이해할 수 있으리라 장담한다. 그리고 이를 통해 더 맛있는 정통 리조또 조리에 한발 더 다가갈 수 있을 것이다.

'쌀의 왕' 탄생

쌀은 동아시아 문명을 시작으로 발달했고 이후 여러 경로를 통해 유럽으로 전파되었다. 이탈리아의 다양한 쌀 품종 모두 아시아 벼$^{oryza\ sativa}$를 기원으로 한다.

아시아 벼는 인디카종과 자포니카종 두 가지 품종으로 나뉜다. 인디카종은 바스마티 쌀(재스민 쌀)이라고도 하는데 흔히 부르는 안남미를 말하며 찰기가 적고 쌀알이 길쭉한 장립종에 속한다. 반면 자포니카종은 쌀알이 둥글고 짧아 단립종이라고 부르며 찰기가 많아 끈끈한 것이 특징이다. 이탈리아 쌀은 모두 이 자포니카 계열이다.

과거 이탈리아에서는 쌀 소비량이 점차 늘어감에 따라 이탈리아 문화와 식습관에 적합한 쌀 종자 개발을 시작했는데, 그 결과 중립종에 속하는 오늘날의 이탈리아 쌀이 탄생했다. 중립종은 장립종에 비해 길이가 명백히 짧지만 동북아시아 지역의 단립종 쌀과 비교하면 길이가 더 길고 크기도 훨씬 큰 것이 특징이다.

대표적인 이탈리아 쌀은 카르나롤리^{carnaroli}, 아르보리오^{arborio}, 비알로네 나노^{Vialnone nano}, 발도^{baido}가 있으며 이 외에도 로마 쌀^{riso roma}, 오리지나리오^{originario} 등이 있다.

흔히 아르보리오가 리조또에 가장 적합한 쌀이라고 알려져 있지만 사실 이탈리아에서는 카르나롤리를 리조또를 위한 최고의 쌀로 꼽는다. 이탈리아에서는 카르나롤리를 '쌀의 왕^{Il de dei risi}'이라는 별명으로도 부른다고 하니 그 위용을 짐작할 수 있다.

뒷 장에 앞서 언급한 이탈리아를 대표하는 쌀 품종 다섯 개와 각 품종의 특징을 간략히 정리했으니 참고해 보자.

쌀의 구조와 전분의 특성

쌀의 특성을 더 잘 이해하기 위해서는 먼저 쌀의 구성 성분을 파악해야 한다. 쌀은 크게 아밀로오스^{amylose}와 아밀로펙틴^{amylopectin} 두 가지 성분

종류	그룹	길이 (mm)	길이/너비 비율	아밀로오스 (%)	경도	점도	전분의 겔화 시간 (-40%)
카르나롤리	Superfino	7.25	2.15	22.1	0.91	1.0	17.5 (10.5)
아르보리오	Superfino	7.37	2.04	17.3	0.69	3.0	19.7 (11.8)
비알로네 나노	Semifino	6.01	1.66	22.8	0.96	0.7	16.5 (9.9)
로마	Superfino	7.18	2.23	17.7	0.61	3.2	17.7 (10.6)
발도	Superfino	6.9	2.3	17.2	0.68	4.3	20.4 (12.2)

*이탈리아 쌀 분류 그룹 기준
Comune: 짧고 둥근 모양 쌀알, Semifino: 중간 길이에 둥근 모양 쌀알, Fino: 중간 길이 쌀알, Superfino : 가장 긴 쌀알
*전분의 겔화 시간은 쌀알이 완전히 펄프화 되는 시간보다 짧다(쌀이 물에서 익는 시간의 40%가 전분의 젤라틴화 시간이다).

으로 나뉘는데, 이 두 성분이 우리가 흔히 말하는 쌀 전분을 이루는 핵심 요소다. 이 둘의 함유량에 따라 전분의 점도나 쌀의 영양분에 차이가 발생한다.

보통 완벽한 리조또의 기준으로 쌀과 수분의 적절한 비율, 그리고 부드러운 식감을 꼽는데 이토록 중요한 수분의 비율을 결정하는 요소가 바로 전분이다. 따라서 전분의 특성과 역할을 제대로 이해하면 한층 더 완벽한 리조또를 만들 수 있다.

전분을 이해하기 위해서는 먼저 전분의 호화와 노화에 대해 이해해야 한다. 그 정의는 다음과 같다.

호화

입자 상태로 존재하는 전분이 열과 수분을 만나 입자 형태가 깨지며 물에 녹는 현상을 말한다. 수화, 팽윤, 붕괴 과정을 거친다.

- **수화:** 전분 구조를 이루고 있는 아밀로오스와 아밀로펙틴 분자 사이에 물이 스며드는 과정을 말한다. 다만 이때는 전분에 흡수된 수분이 다시 빠져나갈 수도 있는 가역적 상태다. 감자 전분을 물에 섞은 뒤 시간이 지나면 전분층이 다시 분리되는데 바로 이것이 수화의 전형적인 특징이라 할 수 있다.
- **팽윤:** 수화된 전분에 열이 가해지면 전분의 결합 구조가 깨지며 붕괴가 일어난다. 60도를 시작으로 85도가 되면 모든 분자 구조가 파괴되고, 바로 이때부터 물 분자는 자유롭게 이동 가능하며 동시에 전분 입자도 급속하게 팽윤(팽창)한다. 그 이상의 온도에 도달하면 전분에 흡수된 물이 분자에서 다시 빠져나올 수 없는 비가역적 상태로 전환한다.
- **붕괴:** 90~100도에 달하는 온도에 이르면 전분의 팽윤 상태가 최고조에 달하고 구조가 붕괴되면서 다시 전분층으로 돌아갈 수 없는 상태가 되는데, 이를 붕괴 현상이라 한다.

노화

온도가 떨어지고 시간이 흐르면서 자연스레 침전물이 생기고 물과 분리되면서 다시 분자가 결정성을 띠는 상태를 뜻한다. 즉, 시간의 경과에 따라 수분을 잃으며 마르고 딱딱해지는 전분의 성질이라 할 수 있다. 낮은 온도에서는 노화가 더욱 빠르게 일어난다. 다만 냉동 상태거나 많은 양의 수분을 포함했을 때는 노화가 억제된다.

이와 같은 전분의 특성은 아밀로오스와 아밀로펙틴의 비율에 따라 달라진다. 특히 전분 입자가 포함할 수 있는 최대 수분량을 결정짓는 '팽윤력'이 아밀로오스와 아밀로펙틴에 직접적으로 영향을 받는다. 이 두 성분의 비율은 쌀의 품종에 따라 모두 다르며, 품종에 따른 팽윤력의 차이와 이로 인해 발생하는 쌀이 포함한 수분량의 차이로 조리 후 쌀의 식감이 달라진다. 즉, 아밀로오스와 아밀로펙틴이야말로 식감을 결정짓는 가장 중요한 요소인 셈이다. 일반적으로 아밀로오스 함유량이 높을수록 팽윤력은 떨어진다.

주목해야 할 전분의 또 다른 특징은 바로 점도다. 전분의 점도는 온도에 비례하여 상승하다가 최고점을 찍은 다음 빠르게 하락해 점차 묽어진다. 이는 전분의 결정성 구조가 파괴되어 고유의 성질을 잃기 때문이다. 따라서 원하는 요리의 농도를 정확히 구현해 완벽한 요리를 완성하고자 한다면 전분의 종류에 따른 특성을 잘 파악하고 적용해야 한다.

아밀로오스 vs 아밀로펙틴

앞에서 아밀로오스와 아밀로펙틴의 비율에 따라 쌀의 특성이 달라지고, 이로 인해 조리 후 리조또의 식감이 결정된다고 했다. 지금부터는 두 성분이 정확히 어떤 특성을 가지며 그 차이는 무엇인지 자세히 설명하겠다.

아밀로펙틴은 구조가 복합해 소화 효소가 작용하기 쉽고 그만큼 빠르게 소화된다. 수분을 많이 붙잡는 성질로 팽윤력이 높은 것이 특징이다. 팽윤력이 높은 만큼 많은 양의 수분을 포함할 수 있고 그로 인해 노화를 억제하는 성질이 강한 반면, 겔화(젤리화)가 잘 이루어지지 않아 더 빨리 익는다. 젤라틴은 수분을 붙잡아두는 성질이 있는데, 겔화가 잘 되지 않으면 그만큼 수분이 더 빠르게 이동하고 그에 따라 열 전달도 더 빨리 이루어지기 때문이다. 따라서 조리가 끝났을 때 쌀알이 매우 무른 식감의 죽처럼 변할 가능성이 크다.

반면, 아밀로오스는 구조가 매우 단순해 결정화가 쉽고 형태를 그대로 유지하려는 성질이 강하다. 구조가 단순하기 때문에 소화 효소가 침투할 요소도 적어 소화 속도가 느리다. 즉, 아밀로오스 비율이 높으면 낮은 팽윤력과 단순한 구조로 인해 전분의 노화도 그만큼 빨리 이루어진다. 또 형태를 유지하려는 성질이 강해 조리 후 식감이 살아 있고 오랫동안 유지된다. 겔화가 잘 이루어지기 때문에 열과 수분의 이동이 억제되며, 따라서 조리하는 동안 열이 균일하게 이동할 수 있도록 주기적으로 저어주는 작업이 필요하다.

정리하면, 아밀로오스 함량이 높은 쌀은 소화 속도가 느리고, 익는 데 시간이 오래 걸리지만 그만큼 식감을 유지하는 데 유리하며 찰기와 점도가 낮은 것이 특징이다. 반면 아밀로펙틴 함량이 높은 쌀은 소화가 매우 잘되고 익는 속도가 빠르지만 모양이 쉽게 뭉그러지며 찰기와 점도가 높아 끈적거린다.

	구조	팽윤력	겔화	점도	노화
아밀로오스	단순	억제함	잘 일어남	약함	빠르게 발생
아밀로펙틴	복잡	높힘	잘 되지 않음	강함	느리게발생

이미 눈치 챘겠지만 리조또에는 아밀로오스 함량이 높은 품종의 쌀을 사용하는 것이 더 적합하다. 여러 번 강조한 것처럼 훌륭한 리조또란 쌀

알이 잘 느껴지며 너무 묽지도 뻑뻑하지도 않은 적당히 부드러운 질감을 유지해야 하기 때문이다. 실제로 대부분의 이탈리아 쌀 품종은 아밀로오스 함량이 높고 적당한 점도를 지니고 있다.

한국 쌀로 리조또를 만들면

그렇다면 국내산 쌀의 아밀로오스 함량은 어떨까? 찹쌀을 제외하고 국내에서 흔하게 유통되는 쌀의 평균 아밀로오스 함유량은 15~18% 사이다. 이는 아르보리오 쌀과 비슷한 수준이지만 리조또에 가장 적합한 쌀로 평가받는 카르나롤리 쌀과는 최소 4% 이상 차이 나는 수치다. 즉 우리나라 쌀로 리조또를 만들면 높은 찰기(점도) 덕분에 크리미한 식감을 내기에는 유리하나, 낮은 아밀로오스 함량으로 인해 식감에 차이가 날 수밖에 없다. 결국 일반적인 한국 쌀 품종으로 리조또를 만들면 현지의 맛을 재현하는 데 한계가 있을 수밖에 없다는 것이 나의 견해다.

그런데 최근 일반적인 한국 쌀과 그 특성이 반대인 품종이 등장했다. 바로 '신동진 쌀'이다. 신동진 쌀의 아밀로오스 함유량은 18.6%로 아르보리오와 그 수치가 비슷하다. 하지만 다른 한국 쌀 품종에 비해 경도가 낮고 길이도 대략 6mm로 더 길다. 이는 신동진 쌀만의 뚜렷한 장점으로 이탈리아 쌀과 비교했을 때에도 크기 차이가 미세한 정도다. 이러한 특성 덕분에 한국에서도 신동진 쌀은 주로 볶음밥이나 냉동 밥의 원료로 많이 사용된다.

더 정확한 비교를 위해 세 종의 이탈리아 쌀과 세 종의 한국 쌀을 비교해 보겠다.

[사진1]

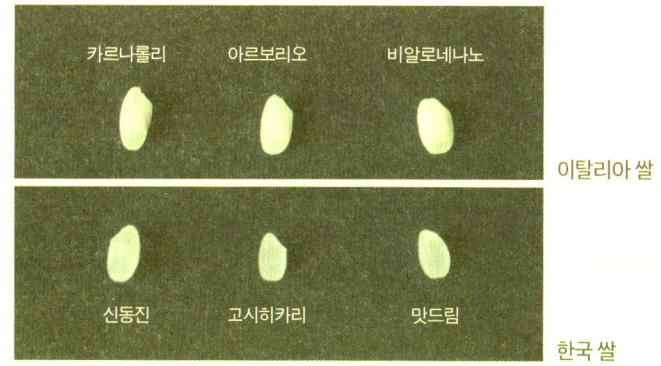

이탈리아 쌀

한국 쌀

[사진1]에서도 볼 수 있듯, 익히지 않은 생쌀의 경우 카르나롤리, 아르보리오, 비알로네 나노, 신동진, 고시히카리, 맛드림 모두 쌀의 크기에서 크게 차이 나지 않는다.

[사진2]

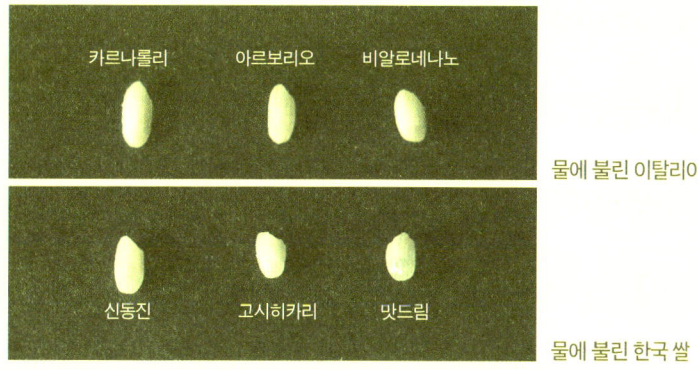

물에 불린 이탈리아 쌀

물에 불린 한국 쌀

하지만 [사진2]처럼 쌀을 물에 불렸을 때는 크기 차이가 발생하기 시작한다. 뒷 장의 [사진3]처럼 쌀을 익혔을 때는 쌀알의 크기 차이가 더욱 극명하게 드러난다.

더 주목할 부분은 따로 있다. 바로 익힌 신동진 쌀과 고시히카리 쌀알의 크기 차이다. [사진3]에서 확인할 수 있듯 신동진 쌀은 국내에서 가장 많이 유통되는 쌀인 고시히카리 쌀과 비교했을 때 압도적인 크기 차이를 자랑한다. 반면 이탈리아 쌀과는 크기가 비슷한데, 이는 한국 쌀을 이용해 리조또를 요리할 때 신동진 쌀이 가장 좋은 선택지가 될 수 있다는 의미이기도 하다.

[사진3]

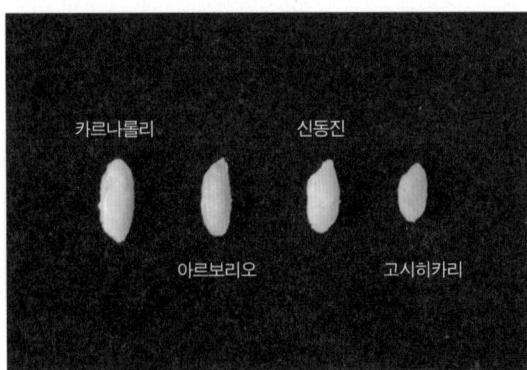

익힌 쌀알의 크기 차이

이 책에서는 다양한 리조또의 조리법을 소개하는데 모든 요리의 재료를 소개할 때 카르나롤리 쌀과 신동진 쌀 두 가지 버전으로 나누어 소개한다. 이탈리아 쌀을 구하지 못하는 상황이라면 한국에서 쉽게 구할 수 있는 신동진 쌀을 이용해 정통 리조또 맛을 구현해낼 수 있으니 조리 시 참고하길 바란다.

김밀란의 요리 TMI: 이탈리아 사람들은 쌀을 '에이징'한다고?

이탈리아 사람들의 음식에 대한 사랑과 집착은 쌀이라고 예외가 아니다. 이탈리아에서는 쌀의 맛을 끌어내기 위해 무려 쌀을 '에이징'한다.

그렇다면 쌀을 에이징한다는 것이 무슨 의미일까? 쌀 에이징이란 가장 이상적인 상태를 오래 유지하기 위해 갓 수확한 벼를 15도 이하로 유지되는 사일로(원통형 창고)에 보관하며 최소 3개월에서 3년까지 숙성 과정을 거치는 과정이다. 갓 수확한 벼는 개체마다 아밀로오스와 아밀로펙틴의 비율이 균등하지 않은데, 이탈리아 사람들은 이 문제를 극복하기 위해 벼가 줄기에서 분리되더라도 호흡 활동을 멈추지 않고 계속한다는 점에 착안해 에이징이라는 개념을 고안, 두 요소의 균일성을 높이고자 했다.

에이징을 거친 쌀은 노화로 인해 단백질과 비타민, 전분이 물에 용해되는 정도가 적다. 이는 조리 중 영양분의 손실은 줄이고 수분을 흡수하는 능력은 향상시켜 육수와 양념을 더 잘 배어들게 해 리조또의 맛을 끌어낸다. 반대로 쌀의 찰기는 줄어들지만 덕분에 조리가 완료되었을 때 쌀알의 식감을 더 생생하게 느낄 수 있다. 그만큼 리조또의 부드러운 질감을 끌어내는 요리사의 능력이 더욱 중요해진다.

이탈리아 사람들은 쌀의 도정 과정에도 변화를 주었다. 20세기 이후 도정 기술이 발달하면서 완벽하게 정미된 백미가 더욱 흔해졌다. 하지만 모든 표피가 제거된 백미는 오히려 영양분이 부족해졌으며 도정 과정에서의 스트레스로 쌀알의 내구도가 떨어져 조리 중 쌀이 깨지거나 갈라져 완성된 요리의 식감이 저하되는 문제가 발생했다.

이를 해결하기 위해 최근 이탈리아에서는 기계가 아닌 전통 방식인 돌을 이용한 쌀 도정 방식으로 회귀하는 업체가 늘고 있다! 이 도정 방식은 과도하게 정미된 백미가 아닌 일부 껍질이 남은 상태의 쌀을 생산하며 이러한 쌀은 더 짙은 갈색을 띤다.

이러한 도정 과정과 숙성 과정을 거친 쌀은 Gran riserva라는 마크를 획득하는데, 이 마크를 붙인 쌀은 일반 쌀보다 약 1.5배에서 2배 이상 높은 가격으로 판매된다.

리조또도 역시, 만테까레!

리조또 만테까레 영상

만테까레는 '유화' 과정 전반을 포괄적으로 지칭하는 단어로 크리미한 질감을 이루는 일련의 과정을 뜻하는 단어로, 더 정확한 표현은 '만테까투라'다. 사실 만테까레는 동사에 해당하는 단어이기 때문에 하나의 작업 과정을 지칭하는 대명사처럼 활용하기에는 적절하지 않다. 하지만 현장에서 쓰이는 표현이 시간의 흐름에 따라 자리를 잡고 행위를 대표하는 표현이 되듯, 만테까레도 만테까투라를 대신하는 용어가 되었다. 덕분에 지금까지도 주방에서는 만테까레를 더 많이 사용하고 있다.

만테까레란?

자연 상태에서 물과 기름은 서로 섞이지 않는 상태로 존재한다. 유화, 즉 만테까레는 이 기본 성질을 무시하며 강제로 두 요소가 섞인 상태로 존재하도록 만드는 과정이다.

잘 유화된 물과 기름은 마치 매끈한 질감을 가진 소스 형태를 띠는데, 이는 조리할 때 발생한 전분과 소스에 포함된 물과 기름이 뭉치면서 발생하는 현상이다. 이후 불을 끄거나 줄인 뒤 팬을 흔드는 과정에서 물과 기름의 유화액에 공기가 접촉해 결과적으로 소스가 더욱 부풀어 오르고 부드러운 질감을 갖게 된다.

만테까레를 할 때 불을 끄거나 줄이는 이유는 수분이 증발하는 것을 막아 기름과 수분의 비율을 유지하기 위해서다.

**성공적인 만테까레를 위한
세 가지 조건**

성공적인 만테까레를 위해서는 세 가지 조건이 필요하다. 첫째, 적절한 기름과 물의 비율, 둘째 올바른 조리 온도, 마지막으로 유화제의 유무다. 만테까레를 위한 이상적인 물과 기름의 비율은 1:1부터 3:1까지다. 기름이 지나치게 많으면 유화가 제대로 이루어지지 않는다. 또 물과 기름의 비율에 따라 유화 결과물의 농도가 달라지므로 목적에 따라 비율을 조절해야 한다.

조리 시 적절한 온도를 유지하는 것 역시 유화를 실현하고 유지하는 데 굉장히 중요한 요소다. 온도가 낮을수록 기름은 고체에 가까운 상태가 되는데 유화가 잘 이루어지면서 요리가 식지 않는 적절한 온도를 잘 찾아야 한다.

마지막으로 유화제의 유무도 따져봐야 한다. 앞선 두 가지 조건이 유화를 이루는 데 필요한 조건이었다면, 유화제는 유화 상태를 장시간 유지하는 데 도움을 준다. 다행히 유화제라고 해서 특별한 무언가는 아니고 주방에서 쉽게 찾아볼 수 있는 것들이다. 바로 단백질과 전분이다.

단백질은 기름과 물의 표면 장력을 약하게 만들어 두 물질이 물리적으로 잘 섞이도록 도와주며, 전분은 유화액이 전분 분자와 결합해 시간이 지나도 유화 상태가 단단하게 유지되게 하는 안정제 역할을 한다. 이 두 요소는 서로 복합적으로 상호 작용하기 때문에 유화제와 안정제로 각각 분리시켜 구분하기보다는 같이 묶어서 보는 것이 옳다.

다행히도 우리는 이미 만테까레를 위한 세 가지 요소를 모두 활용하고 있다. 세 요소 모두 우리에게 너무 익숙한 계란, 콩, 버터, 치즈, 밀가루, 쌀과 같은 기본 재료에 모두 포함된 성질이며 덕분에 우리는 스스로 깨닫지 못한 사이 성공적인 만테까레를 위한 준비를 모두 마쳤다!

리조또의 만테까레

그렇다면 리조또의 만테까레는 파스타와 다른 것일까? 다행히도 리조또의 만테까레가 파스타의 만테까레보다 쉽다. 쌀에서 나오는 전분의 양이 파스타에서 나오는 전분의 양보다 훨씬 더 많기 때문이다. 쌀에서 발생한 충분한 전분 덕분에 물과 기름이 뭉친 걸쭉한 상태를 만들기에 더 유리하다.

리조또의 조리를 위해서는 수분을 날리는 과정이 반드시 필요하고, 열이 균일하게 전달되면서 동시에 열 보전율이 좋은 조리 도구를 사용하는 것이 좋다. 그 때문에 바닥이 평평하고 적당한 지름의, 너무 깊지 않은 형태의 냄비가 적합하다. 알루미늄보다는 스테인리스 혹은 구리 코팅이 된 스테인리스 재질의 냄비를 선택하는 것이 좋다. 길쭉한 손잡이는 필수다.

물론 훌륭한 조리 도구를 갖추고 유화 과정을 충분히 이해한다 해도 훌륭한 리조또를 위해서는 기술적인 숙련도가 필요하다. 그러니 자주 요리하며 연습하자.

> 김밀란의 요리 TMI: 리조또도 알 덴떼

파스타를 알 덴떼로 조리하기 시작한 것은 비교적 최근이다. 1800년대 후반까지만 해도 파스타를 최소 1시간 이상 삶으라고 책에 소개되곤 했다. 하지만 1900년대에 들어서면서 그 시간은 40분, 30분 그리고 20분까지 줄어든다. 더불어 미식에 대한 사람들의 관심이 높아지고 다양한 요리 연구가 진행되면서 파스타 조리 시간은 점차 짧아졌고 오늘날의 알 덴떼에 이르렀다. 이러한 미식 혁명은 제2차 세계대전 이후에 이탈리아에 완전히 자리 잡는다.

하지만 이탈리아 반도를 벗어나면 여전히 알 덴떼에 대한 거부감이 존재한다. 이는 이탈리아 이민자 세대의 이주 시기를 고려하면 어느 정도 이해 할 수 있다. 이탈리아 사람들의 해외 이주는 대부분 19세기 초중반에 이루어졌는데, 이때만 해도 파스타를 푹 익혀 먹는 것이 더 익숙했다. 이러한 이민 세대가 자리를 잡고 이들에 의해 이탈리아 요리가 전파되면서 이탈리아 밖에서는 알 덴떼보다는 충분히 익힌 파스타의 형태가 퍼진 것이라고 추측할 수 있다.

그렇다면 리조또는 왜 알 덴떼로 조리하게 된 것일까? 수많은 자료를 찾아보았지만 역사적 혹은 사회적 시점에서 이 현상을 명쾌하게 설명하는 내용을 찾을 수 없었다. 따라서 과학적 측면에서 리조또를 알 덴떼로 조리하는 이유를 알아보려 한다.

앞서 쌀의 구성 성분과 구조를 살피며 도정된 백미는 섬유질이 거의 제거된 상태이며 이로 인해 전분의 호환이 매우 빠르고 쉽게 일어난다는 것을 확인했다. 그런데 백미를 알 덴떼로 조리하면 상대적으로 단단한 식감 탓에 저작 활동이 천천히 일어나고 더 많이 씹게 된다. 이는 곧 혈당이 급격하게 상승하는 것을 막아 건강과 소화에 좋다. 반면 푹 익힌 쌀은 전분이 더 많이 호화돼 소화 흡수가 빠르고 급격한 혈당 상승이 일어난다.

따라서 리조또를 조리할 때에는 지나치게 푹 익히지 않은 알 덴떼로 요리하는 편이 건강은 물론 식감 면에서도 더 낫다.

> 김밀란의 요리 TMI: 왜 리조또는 평평한 그릇에 담을까?

혹시 고급 레스토랑에서 리조또를 주문할 때마다 왜 매번 평평한 그릇에 넓게 펴서 주는지 궁금한 적 있는가? 이는 일종의 요리사의 자부심이다. 리조또를 넓적한 접시에 담아내면 쌀알이 고르게 펼쳐져 리조또의 완성도를 육안으로 확인하기가 더욱 쉽다. 따라서 리조또를 납작한 그릇에 펴서 제공하는 행위 자체가 완벽한 리조또에 대한 요리사의 자신감과 자부심을 드러낸 것이라 할 수 있다.

④ 더 완벽한 리조또를 위한 김밀란의 TIP

**완벽한 리조또를 위한
핵심 요소, 온도!**

리조또를 요리할 때는 수분과 열, 두 가지 요소의 결합이 매우 중요하다. 센 불보다는 중불, 혹은 중불보다 아주 살짝 더 강한 세기의 불을 유지해야 하며 요리에 사용하는 수분 역시 일정한 온도를 유지해야 한다. 전분은 수분과 열을 만나 활성화되기 시작하며 보통 이를 '쌀이 열린다'고 표현한다.

리조또를 요리할 때 쌀이 열을 만나는 가장 첫 순간은 리조또 조리의 첫 번째 단계이기도 한 쌀을 볶는 과정이다. 그다음 화이트와인과 육수를 부어 익히는 단계는 전분이 수분을 만나 결합하는 단계다. 앞에서 설명했듯 전분은 약 85도쯤에 최고점을 찍고 그 이상의 온도에서는 오히려 묽어진다. 따라서 95도 이하에서 요리할 때 전분의 활성화와 적절한 조리 시간이라는 두 가지 상반된 요소를 절충할 수 있다.

무엇보다 요리 중간에 사용하는 육수는 언제나 뜨겁게 유지해야 한다. 적절한 온도의 육수를 활용해야 재료의 온도가 떨어지는 일 없이 조리를 이어나갈 수 있다. 온도를 빼앗긴 요리는 이를 다시 회복하기 위해 더 오래 조리되어야 하며, 조리 시간이 길어지면 균일하게 살아있는 쌀의 식감을 유지할 수 없다.

다시 말해 지나치게 높거나 낮은 온도에서 리조또를 조리하면 쌀알의 겉면은 퍼지고 심지는 단단한, 균형이 무너지고 조화롭지 못한 리조또

를 만들 수밖에 없다. 따라서 적절한 세기의 불, 적절한 온도의 육수를 사용하도록 항상 유의하자.

리조또에 사용하는 쌀은 씻어야 할까?

리조또를 만들 때 사용하는 쌀은 씻지 않는다. 쌀 겉면에 묻은 쌀가루를 씻어내는 것은 결국 쌀이 포함한 점도를 포기하는 것과 마찬가지다. 이는 리조또의 크리미한 식감을 포기하는 일과 같다!

리조또용 쌀을 씻지 않는 두 번째 이유는 씻은 쌀은 볶는 과정에서 서로 더 잘 달라붙으며, 이 과정에서 쌀알이 파괴될 가능성이 크기 때문이다. 그럼에도 쌀을 씻어 사용하고 싶다면 쌀을 깨끗하게 헹군 뒤 잘 펼쳐서 완전히 건조한 후 사용해야 한다. 앞서 설명했듯 단순히 물에 불린 상태에서는 전분의 가역적 변이만 일어난다. 따라서 씻었더라도 잘 건조하기만 한다면 본래의 상태로 되돌릴 수 있다.

적절한 쌀과 육수의 비율이란?

리조또의 마무리 단계인 만테까레를 시작하는 타이밍은 어떻게 알 수 있을까? 또 쌀과 육수의 적절한 비율이란 무엇일까? 이 두 질문에 대한 정확한 계량이나 수치를 제시하는 것은 불가능하지만 다행히 육안으로도 어느 정도는 파악할 수 있다. 하지만 먼저 체크해야 할 사항이 있다. 농도를 조절하는 재료를 사용했는지 생각해 봐야 한다.

예를 들어 퓨레나 크림과 같은 재료가 추가된 상태라면 리조또의 농도는 이미 어느 정도 잡힌 상태다. 따라서 육수가 넉넉하게 남아 있는 상태에서 만테까레를 시작해야 더 부드러운 리조또를 완성할 수 있다.

반면 버터와 치즈만으로 농도를 조절해야 한다면 지나치게 많은 육수를 남기는 것은 바람직하지 않다. 이때는 리조또 표면을 살짝 덮을 정도의 육수만 남긴 상태에서 만테까레를 시작해야 적절한 농도를 표현할 수 있다.

물론 반복적인 연습을 통해 자신만의 확실한 감을 잡는 것이 가장 좋다. 완벽한 리조또를 위한 연습을 게을리하지 말 것.

⑤ 리조또를 위한 조리도구

리조또 조리에는 많은 도구가 필요하지 않다. 물론 활용되는 재료나 손질 방법에 따라 필요한 종류가 더 늘어날 수도 있지만 리조또 조리에 필요한 기본 도구는 딱 세 가지, 냄비와 국자, 주걱이다. 여느 가정집 주방에나 있는 평범한 도구지만, 리조또 조리에 더 알맞고 적당한 기준은 존재하니 지금부터 소개한다.

냄비

크기나 재질에 따라 다양한 냄비를 갖추고 있다면 더할 나위 없이 좋겠지만, 일반 가정 주방에서 이를 기대하기는 힘들다. 대개 크기에 따라 작은 것과 큰 것 두 개는 기본으로 가지고 있을 텐데 다행히 리조또 조리를 위해서는 이 정도면 충분하다. 큰 냄비는 육수용으로, 작은 냄비는 리조또용으로 활용한다. 여유가 있다면 작은 냄비 두 개를 준비해 하나는 리조또를 조리하는 용으로, 나머지 하나는 육수를 데우는 용으로 활용한다.

리조또 조리용 냄비는 스테인리스 재질인 것이 좋으며, 어두운 색으로 코팅된 것은 피하는 것이 좋다. 또 세라믹 재질로 코팅된 냄비도 가능하다. 이때 어두운색 코팅을 피하는 이유는 조리 중 재료나 냄비 바닥의 색 변화를 확인하기 어렵기 때문이다.

알루미늄 재질의 냄비는 코팅 유무와 상관없이 피해야 한다. 알루미늄은 열 보존률이 좋지 않아 다른 재질에 비해 조리 중 온도 변화에 크게 영향을 받기 때문이다.

냄비 모양은 바닥이 평평하되 너무 넓지 않은, 적당한 높이의 냄비가 적절하다. 바닥이 너무 넓고 높이가 낮으면 수분이 빠르게 증발해 조리에 필요한 것 이상의 육수가 소비되기 때문이다. 만테까레를 위해 손잡이는 필수다.

육수용 냄비는 5L 이상이 담기는 깊고 넓은 냄비를 사용하는 것이 더 낫다.

국자

국자를 빼놓고는 리조또를 이야기할 수 없을 정도로 리조또 조리에 국자는 반드시 필요한 도구다. 리조또 조리법의 핵심은 육수를 소량씩 추가해 쌀알을 익히는 과정이기 때문이다. 국자의 크기는 100ml~150ml 사이가 적당하다. 조리 초반에서 마무리 단계로 넘어가면서 보충하는 육수의 양이 점점 적어지는데, 이러한 양 조절에 가장 적당한 크기가 바로 100ml~150ml이다.

주걱

주걱은 흔히 '깔끔이주걱'이라고 불리는 실리콘 재질의 주걱이 적당하다. 전통적인 방법에 따르면 나무 주걱을 써야 하지만, 재질의 특성상 위생에 취약하기 때문에 사용하지 않는 편이 더 낫다.

플라스틱이나 실리콘 주걱은 매우 부드러워 냄비 가장자리나 냄비 바닥 구석구석 효과적으로 긁어낼 수 있어 더욱 유용하다. 실리콘 주걱을 구매할 때는 내열성 제품인지 꼭 확인하자.

Risotto è basta
리조또, 시작하기 전에

① 치즈 i formaggi

치즈의 기초

치즈와 버터는 인류가 목축업을 통해 우유를 생산하기 시작한 시점부터 인류의 역사와 함께한 가장 오래된 식품 중 하나다. 중앙아시아 유목 민족이 처음 생산한 이후 여러 경로를 거쳐 다른 지역으로 전파됐으리라 추측하는데, 고대 이집트의 기록에도 치즈와 버터에 대한 내용이 있는 것으로 보아 둘 모두 인류 초창기부터 함께해 온 유서 깊은 식품이라 할 수 있다. 고대 목축업은 양과 염소와 같은 동물이 주를 이루었고 소의 가축화는 그보다 한참 뒤에 이루어졌기 때문에 당시에는 양젖이나 염소젖이 주로 생산되었다.

현대에 생산되는 치즈의 원료는 주로 소나 양, 염소의 젖이며 카세인 단백질을 추출해 제거한 뒤 미생물이나 효소를 첨가해 응고 및 발효시켜 완성한다. 치즈를 만들 때 가장 많이 사용되는 효소는 레닛으로, 반추동물의 위에서 생산된다. 이 효소 덕분에 새끼들은 어미 젖에 있는 카세인 단백질을 분해하고 소화할 수 있으며, 이는 동물들에게서 유당불내증이 발견되지 않는 이유이기도 하다.

치즈는 리조또에 빠질 수 없는 필수 재료로 쌀에서 나온 전분과 작용해 크림과 같은 질감을 내는 데 중요한 역할을 한다. 치즈는 원료인 우유의 종류에 따라, 그리고 만드는 과정에 따라 수천 가지 종류로 나뉘며 형태와 질감 역시 천차만별이다. 따라서 리조또의 특성에 따라 선택해 사용할 수 있다. 다만 최근에는 다양한 리조또 조리법이 발달하면서 버터나 치즈를 사용하지 않는 경우도 있다. 이 또한 리조또라는 요리의 유연성 덕분에 가능한 일이다.

지금부터 리조또에 가장 많이 사용되는 대표적인 치즈를 소개한다. 여기에서 소개하는 치즈 외에도 개인 취향과 추구하는 맛에 따라 얼마든지 다양한 치즈를 선택해 사용할 수 있으니 참고하자.

파르미지아노 레지아노 치즈 Parmigiano-Reggiano

흔히 파마산 치즈라 부르는 가장 보편적인 치즈이자, 리조또 조리에 가장 많이 사용하는 치즈다. 리조또가 탄생하면서부터 사용된 치즈이기도 하다.

파르미지아노 레지아노는 주로 레조넬에밀리아, 모데나, 파르마, 볼로냐, 만토바에서 생산되며 원산지 명칭 보호 및 지리적 표시제의 보호를 받는다. 홀스타인-프레시안과 이탈리아 고유 품종인 레지아나 소에서 짜낸 우유로 만든다.

특유의 산미와 고소한 맛, 매우 진한 감칠맛으로 치즈 자체가 천연 조미료 역할을 하며, 덕분에 고품질의 파르미지아노 레지아노 치즈일수록 가격이 천정부지로 치솟는다. 약 1년에서 4년의 숙성 기간을 거치며 그 기간에 따라 맛과 향이 달라진다.

파르미지아노 레지아노 치즈 대용으로 그라나 파다노 치즈를 사용할 수도 있으나 풍미가 조금 떨어진다.

페코리노 로마노 치즈 Pecorino Romano

까르보나라에 사용되는 것으로 너무나 유명한, 양젖으로 만든 치즈다. 양젖은 소젖과 카세인과 지방의 비율이 다르기 때문에 소젖으로 만든 치즈와는 다른 특유의 향과 풍미가 있다.

파르미지아노 레지아노 치즈와 마찬가지로 페코리노 로마노 치즈 역시 원산지 명칭 보호 및 지리적 표시제의 보호를 받으며, 생산지에 따라 다양한 형태의 페코리노 치즈가 있다. 대표적으로 라치오주와 토스카나 지방에서 생산되는 페코리노 로마노, 사르데냐섬의 페코리노 사르도, 시칠리아섬의 페코리노 시칠리아노 등이 있다.

마스카르포네 치즈 Mascarpone

우유에서 분리해 낸 크림에 구연산을 첨가해 만든 치즈다. 앞서 소개한 두 개의 경질 치즈(하드 치즈)와는 달리 건조 및 발효 숙성 과정을 거치지 않는다. 일종의 크림 치즈라 할 수 있으며 특유의 단맛과 굉장히 진한 질감으로 티라미수의 재료로 활용되기도 하다.

개인적으로 해산물을 활용한 리조또에 이 치즈를 자주 사용하는데, 마스카르포네 치즈 특유의 부드러움과 너무 강하지 않은 맛이 해산물의 섬세한 맛을 해치지 않는 동시에 리조또의 질감을 풍성하게 만든다.

② 버터 il burro

버터의 기초

버터는 우유 속 지방을 분리해 추출, 가공한 것으로 대부분의 지방과 소량의 수분, 단백질로 이루어져 있다. 유럽연합은 버터와 관련해 명확한 규정을 명시하는데, 이에 따르면 버터는 최소 80% 이상의 지방을 포함해야 하고 수분은 16%를 넘어서 안 된다.

버터는 지방과 수분이 우유 단백질을 매개로 유화된 상태다. 따라서 요리에 첨가해 기름과 물을 섞는 유화제로 활용할 수 있으며 요리의 농도를 걸쭉하게 만들 때도 유용하다. 버터 특유의 고소한 맛과 향 덕분에 유용한 농후제로도 활용할 수 있다.

리조또에 사용할 버터는 기본적으로 무염 버터이며, 유지방의 함유량이 높은 제품을 사용하는 것이 좋다. 쇼트닝이나 마가린 같은 식물성 유지는 리조또에 풍미를 더하기는커녕 오히려 맛을 떨어뜨리기 때문에 되도록 좋은 품질의 버터를 사용하자.

리조또를 만들 때는 일반 버터보다는 흔히 컴파운드 버터라고 부르는, 향신료나 허브와 같은 조미 재료를 첨가한 버터를 사용한다. 컴파운드 버터와 일반 버터를 조합해 사용했을 때 리조또의 맛을 한 단계 더 끌어올릴 수 있기 때문이다.

지금부터 더 맛있는 리조또를 위해 내가 자주 사용하는 컴파운드 버터를 소개한다. 이 버터들은 리조또는 물론 다른 이탈리아 요리를 만들 때도 활용할 수 있으니 모두 도전해 보자.

신 버터 burro acido

신 버터는 말 그대로 산미를 추가한, 신맛이 나는 버터다. 신 버터의 창안자 괄티에로 마르케지 Gualtiero Marchesi 는 프랑스 소스인 뵈흐블랑 beurre blanc 에서 영감을 얻어 신 버터를 만들었다고 한다. 리조또의 기본 조리법은 양파와 쌀을 볶은 뒤 와인을 넣고 익히다가 육수를 추가하며 쌀을 익힌 뒤 버터와 치즈로 마무리하는 방식이다. 그런데 마르케지는 쌀과 함께 볶은 양파가 리조또의 부드러운 식감을 방해한다고 생각했다. 더 일정한 식감을 내기 위해 그는 리조또에 양파를 넣는 대신 버터에 산미를 추가해 맛의 균형을 맞추고자 했고 이후 신 버터를 만들어 사용하기 시작했다.

Ingredients

버터 250g
양파 100g
드라이한 화이트와인 200ml
화이트와인 비네거 100ml

Recipe

1 양파는 가급적 가늘게 채 썬다.
2 버터는 최소 30분 전 상온에 꺼내두어 부드러운 상태로 준비한다.
3 수분을 빠르게 증발시키기 위해 바닥이 넓은 냄비에 채썬 양파를 넣은 뒤 화이트와인과 화이트와인 비네거를 넣고 졸인다.

4 수분이 자작하게 졸아들 때까지 끓인 뒤 불을 끄고 졸아든 양파를 체로 거른다.

> **Tip**
>
> 체에 거른 식초들의 양이 최소 80g에서 최대 100g 정도가 될 때까지 졸여야 한다. 너무 오래 끓여 식초물의 양이 적어졌다면 물을 섞어 농도를 조절한다.

5 양파를 체로 걸러 얻은 식초물을 실온에서 약 5분 정도 식힌 뒤 준비한 버터에 조금씩 나눠 넣으며 섞는다.

> **Tip**
>
> 식초가 너무 뜨거우면 버터와 섞을 때 버터가 녹아버릴 수도 있다. 이때는 버터가 담긴 그릇을 얼음물에 담가 냉탕하듯 식히며 거품기로 저어 굳힌다. 식초가 너무 식은 상태에서는 버터와 잘 섞이지 않으므로 미지근한 온도를 유지할 수 있도록 주의하자.

6 잘 섞은 버터를 통에 담고 굳힌다. 적당히 굳으면 한 조각당 약 5g의 정사각형 크기로 잘라 냉장 보관 한다.

헤이즐넛 버터 burro nocciola

헤이즐넛 버터는 버터를 태워 캐러멜라이징 한 것을 말한다. 버터를 가열하면 색이 변하면서 특유의 고소한 풍미를 내는데 이 향이 마치 헤이즐넛과 비슷하여 헤이즐넛 버터라는 이름이 붙었다. 이렇게 만든 버터는 견과류를 넣은 듯 부드럽고 고소한 캐러멜 향이 난다. 채소나 해산물 리조또에 활용하면 좋다.

Ingredients

- 버터1 150g
- 버터2 100g

Recipe

1. 버터 150g(버터1)은 최소 30분 전 상온에 꺼내두어 부드러운 상태로 준비한다.
2. 나머지 100g의 버터(버터2)를 팬에 넣고 센 불로 가열한다.
3. 버터가 다 녹으면 중불로 줄인 뒤 거품기로 잘 저어가며 갈색이 될 때까지 가열한다.

> **Tip**
> 버터를 캐러멜라이징 할 때는 주의를 늦추지 말아야 한다. 잠시 한눈을 팔면 순식간에 새까맣게 타버리기 때문이다. 따라서 불 조절이 필수다. 처음 버터를 녹일 때는 센 불로 데우지만 곧바로 중불로 줄이고 거품기로 잘 저으며 지켜본다.

4   냄비의 버터가 갈색으로 변하고 고소한 향을 풍기면 체로 거른 후 식힌다.

    Tip

    버터가 모두 녹으면 맑은 기름층은 떠오르고 찌꺼기는 아래로 가라앉는다. 이 찌꺼기가 타기 쉬운 주범이므로 위에 뜬 기름이 어느 정도 갈색으로 변했다면 잔여물이 너무 까맣게 변하기 전에 불을 끄고 바로 체로 거른다.

5   체로 거른 버터가 어느 정도 식으면 버터1에 천천히 부어가며 잘 섞는다.

6   버터가 모두 굳으면 한 조각당 약 5g의 정사각형 크기로 잘라 냉장 보관 한다.

허브 버터 burro alle erbe

허브 버터는 말 그대로 잘게 다진 허브와 버터를 섞어 굳힌 것으로 리조또뿐만 아니라 생선, 토스트, 계란, 채소 등을 구울 때도 다양하게 활용된다. 자신의 기호에 따라 허브를 자유롭게 조합해 사용할 수 있다.

Ingredients

버터 150g
파슬리 5g
차이브 5g
타임 5g
민트 5g
*모든 허브는 잎만 떼서 무게를 잰 것

Recipe

1 버터는 최소 30분 전 상온에 꺼내두어 부드러운 상태로 준비한다.
2 준비한 허브의 잎을 모두 뗀다.
3 떼낸 허브 잎을 잘게 다진다.
4 잘게 다진 허브와 버터를 섞는다.
5 잘 섞은 버터를 랩으로 돌돌 말아 냉동 보관 한다. 이후 요리에 필요한 만큼 잘라 사용한다.

(Tip)
허브를 사용한 버터이기 때문에 냉장 보관 하면 변질될 수 있다. 앞에서 소개한 신 버터는 산이 추가되고, 헤이즐넛 버터는 순수한 두 개 버터의 조합이기 때문에 냉장 보관만으로도 최소 2주 이상 장기 보관이 가능하지만, 허브 버터는 가급적이면 냉동 보관 해야 한다.

③ 육수 il brodo

육수의 기초

육수는 단순히 리조또를 익히는 재료가 아닌 리조또의 맛과 특성을 결정짓는 재료다. 앞서 설명한 버터와 치즈가 조리 마지막 단계에서 리조또의 부족한 부분을 채운다면 육수는 조리 시작 단계에서 맛의 기초 공사를 다지기 때문이다. 육수는 주재료인 쌀알을 익히고 리조또 소스의 베이스 역할도 하기 때문에 사용하는 부재료와 표현하려는 맛의 종류에 맞춰 육수를 선택하는 것이 중요하다.

잘 만들어진 육수는 육수를 구성하는 재료의 맛이 튀지 않고 은은한 풍미가 느껴져야 한다. 리조또 조리 과정에서 반복해 추가하기 때문에 육수 맛이 지나치게 강해지지 않도록 주의하자.

직접 끓인 육수를 사용하는 것이 가장 좋지만 일반 가정에서 매번 육수를 준비하는 것은 쉽지 않다. 따라서 마트에서 쉽게 구할 수 있는 시판 육수를 사용하는 것이 합리적이다. 다만 시판 육수는 맛이 응축되어 있기 때문에 그대로 사용하면 리조또에서 육수의 맛만 느껴질 수 있다. 그러니 시판 육수를 사용할 때는 물로 적절히 희석하고, 간을 확인한 후에 사용해야 한다.

닭 육수 *brodo di pollo*

서구권에서는 가금류 중 닭이 가장 많이 소비되는데, 그 부산물인 닭 뼈로 끓인 육수 역시 자연스럽게 보편화되어 서양 요리의 기본 육수로 매우 많이 쓰인다. 개인적으로 닭 날개로 끓인 육수의 풍미를 좋아해 지금 소개하는 조리법에서는 닭 날개만 사용했다. 하지만 동량의 다른 부위 닭 뼈로 대체해도 무방하다.

Ingredients

닭날개 600g
샐러리 100g
파 60g
양파 100g
마늘 1개
통후추 10~15알
월계수 잎 1장
파슬리 10g
물 2L

Recipe

1 준비한 양파는 4~6등분 하고 파와 샐러리는 검지 한 마디 크기로 자른다. 마늘은 가볍게 으깬다.

Tip
닭 육수를 만들 때 당근을 사용하지 않는 이유는 당근의 색소가 육수에 착색되는 것을 방지하고 당근 특유의 지나친 단맛을 피하기 위해서다. 닭 국물은 색이 옅고 투명하기 때문에 색이 있는 채소는 쓰지 않는다.

1-1

1-2

1-3

2 냄비에 물 2L와 닭 날개를 넣고 센 불에서 끓인다. 이때 떠오르는 불순물은 건져낸다.

> **Tip**
>
> 생닭은 물에 씻지 않는다. 흐르는 물에 닭을 씻을 때 튀는 물방울이 주방을 오염시킬 수 있기 때문에 씻지 않는 편이 주방 위생에 더 도움이 된다. 닭에서 발견되는 세균은 조리 과정에서 열에 노출되면 모두 사멸하니 걱정할 필요는 없다.

3 불순물을 제거한 닭 육수에 준비한 채소와 후추, 월계수 잎을 넣고 약불에서 3~4시간 끓인다. 냄비를 지켜보며 중간중간 떠오르는 불순물과 기름을 건져낸다.

> **Tip**
>
> 육수를 우릴 때는 센 불에서 끓이지 않는다. 물이 끓기 직전인 약 95도를 유지할 수 있도록 불 조절에 신경 써야 한다. 육수를 끓이는 목적은 재료에서 감칠맛을 뽑아내 물에 녹여내는 데 있다. 너무 높은 온도에서 팔팔 끓일 경우 수분이 너무 빨리 증발해 맛을 충분히 내기도 전에 물이 다 졸아버릴 수도 있다. 이는 생산성 면에서도 적절하지 않다.

4 육수가 우러나면 불을 끄고 파슬리를 넣어 5분 정도 향을 우려낸다.

5 육수를 체로 깨끗이 거른다. 완성한 육수는 냉장 혹은 냉동 보관 한다. 완성된 육수의 양은 약 1L 정도다.

> **Tip**
>
> 모든 육수는 완전히 식힌 후 보관해야 하며 냉장 보관 할 때는 되도록 3일 이내에 소비하는 것이 좋다. 그 이상 장기간 보관할 때는 냉동 상태로 보관 한다. 냉동한 육수는 6개월 이상 사용할 수 있다. 육수를 500ml씩 소분해 냉동 보관 하면 더 편리하게 사용할 수 있다.

소 육수 brodo di manzo

이탈리아에서 소 육수는 닭 육수만큼이나 대중적으로 사용된다. 국물이 있는 수프에는 닭 육수보다 소 육수가 더 많이, 더 자주 사용된다. 리조또가 탄생한 롬바르디아에서 최초의 리조또를 만들 때 사용된 것도 소 육수이니 어찌 보면 닭 육수보다 더 근본 있는 재료인 셈이다.

육수에 사용하는 소고기 부위는 일반적으로 국거리용이라 불리는 부위면 충분하다. 아래 레시피에서는 우삼겹을 사용했다.

Ingredients

소고기 450g
양파 100g
당근 100g
샐러리 50g
파 1대 60g

타임 5g
마늘 1개
월계수 1장
통후추 10알
물 2L

1-1

1-2

1-3

Recipe

1. 양파는 4~6등분 하고 파와 샐러리, 당근은 검지 한 마디 크기로 자른다. 마늘은 가볍게 으깬다.

   > Tip
   >
   > 소 육수를 만들 때 닭 육수와 달리 당근을 활용한 이유는 소고기 육수가 기본적으로 자연스러운 갈색빛을 띠기 때문이다. 게다가 닭 육수에는 어울리지 않는 당근의 단맛이 소 육수의 향과는 잘 어울린다.

2. 냄비에 물 2L와 소고기를 넣고 센 불에서 끓인다. 이때 떠오르는 불순물은 건져내 제거한다.

   > Tip
   >
   > 육수에 사용할 소고기를 선택할 때는 살코기만 있는 부위보다 힘줄과 지방이 적절하게 섞인 부위를 선택하는 것이 전체적인 풍미와 깊은 맛을 내는 데 더 좋다.

3. 한번 끓어올라 불순물을 제거한 소 육수에 준비한 채소와 후추, 월계수 잎과 타임을 넣고 약불에서 끓인다. 이때 육수 온도는 약 95도 정도를 유지해야 하며 3~4시간 정도 끓인다.

4. 완성된 육수는 체로 거르고 식힌다. 육수가 식으며 굳은 소기름을 제거한 뒤 냉장 혹은 냉동 보관 한다. 완성된 육수의 양은 약 1L 정도다.

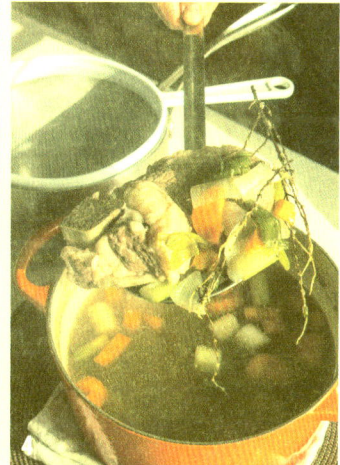

채소 육수 brodo vegetale

채소 육수는 다양한 채소를 활용하기 때문에 풍성한 향과 자연스러운 단맛을 포함하며 가장 맛이 가볍고 향이 좋다. 그 때문에 생선을 주재료로 한 리조또와 궁합이 매우 좋다.

Ingredients

- 양파 100g
- 당근 100g
- 샐러리 50g
- 양송이 80g
- 파 50g
- 후추 10알
- 월계수 1장
- 타임 5g
- 파슬리 10g
- 물 2L

Recipe

1. 양파, 당근, 양송이를 모두 엄지손톱 크기로 잘라 준비한다. 샐러리 줄기는 다른 채소와 비슷한 크기로 자르고 이파리 역시 적당한 크기로 잘라 준비한다.

   Tip
   모든 채소는 사용하기 전에 세심하게 세척해야 한다. 제대로 씻지 않아 흙이 남아 있으면 육수의 맛과 향에 악영향을 미칠 수 있다.

2   냄비에 물 2L와 준비한 채소를 모두 넣고 센 불에서 끓인다. 육수가 한번 끓어오르기 시작하면 약불로 줄여 마치 차를 우려내듯 3시간 동안 끓인다.

    > Tip

    채소 육수를 만들 때는 다른 육수보다 불의 세기에 더 유의해야 한다. 채소 육수는 팔팔 끓이는 것이 아니라 마치 찻잎을 우리듯 약불에서 천천히 끓여야 한다.

3   완성된 육수는 하루 정도 식힌 뒤 체에 거르고 차갑게 식혀 냉장 혹은 냉동 보관 한다. 완성된 육수의 양은 약 1~1.2L 정도다.

비스크 육수 brodo di crostacei

비스크 육수는 원래 육수가 아닌 수프다. 수프를 즐겨 먹던 루이 15세가 매일 먹던 것과 다른 요리를 원했고, 그때 갑각류의 껍질을 활용한 레시피가 탄생한 것이 배경이다.

비스크 수프는 갑각류의 껍질과 머리를 볶아 끓인 후 크림을 넣어 곱게 갈아 체로 걸러 만든다. 오늘날에는 비스크 특유의 강렬한 맛에 착안하여 리조또나 파스타의 베이스로 쓰일 수 있도록 육수 형태로 변형되어 널리 사용된다.

Ingredients

새우 머리 250g(껍질 포함)
양파 100g
당근 100g
샐러리 50g
방울토마토 50g

코냑 30ml(화이트와인으로 대체 가능)
토마토 페이스트 20g
식용유 20g
파슬리 10g
통후추 10알
물 1.5L

1

2

Recipe

1. 새우 머리와 껍질을 준비한다.
2. 양파, 당근, 샐러리는 새끼손톱보다 작은 0.5cm 크기로 자른다. 방울토마토는 반으로 잘라 준비한다.
3. 뜨겁게 달군 냄비에 식용유를 1큰술 정도 두른 뒤 새우 머리를 넣고 볶는다. 이때 새우 머리를 잘 으깨가며 볶아야 더 진한 풍미를 느낄 수 있다.

    Tip

    새우 머리와 껍질을 볶을 때 가스 불의 세기가 너무 세면 머리에서 나온 내장이 쉽게 타버릴 수 있다. 따라서 적절한 불 조절이 반드시 필요하다. 중불과 강불 사이를 유지하며 조리하자.

4. 새우가 노릇하게 변하면 준비해 둔 채소와 후추를 넣고 중불에서 볶는다. 냄비 바닥이 타지 않도록 저어가며 익힌다.
5. 채소가 반쯤 투명해지고 골고루 익으면 토마토 페이스트를 넣고 약불로 줄인 뒤 가볍게 1분간 볶아 떫은맛을 없앤다.

6 떫은맛이 날아간 육수에 꼬냑을 넣고 바닥에 눌어붙은 것을 긁어내는 느낌으로 한 번 더 볶는다. 이를 데글레이징이라 하는데 맛을 최대치로 끌어올리기 위한 필수 작업이다.

7 데글레이징을 완료한 냄비에 물 2L를 붓고 센 불에서 끓인다. 이때 떠오르는 거품은 국자로 걷어낸다. 육수가 끓어오르기 시작하면 중불로 줄인 뒤 2시간 정도 끓인다.

> **Tip**
> 한 번 끓어오른 육수는 센 불에서 끓이지 않는다. 물이 끓기 직전인 90~95도 사이를 유지할 수 있도록 불 조절에 신경 쓸 것.

8 육수가 우러나면 불을 끄고 파슬리를 넣어 15분 정도 향을 우려낸다.

9 완성된 육수는 체에 거른 뒤 차갑게 식혀 냉장 혹은 냉동 보관 한다. 완성된 육수의 양은 약 1L 정도다.

6

7

8

> 김볼란의 요리 TMI: 데글레이징이란?

재료가 일정 온도 이상의 열을 접하면 마이야르 반응이 일어난다. 마이야르 반응이란 환원당과 아미노산의 화학 반응으로 조리 중 음식이 갈색으로 변하면서 우리가 감칠맛이라고 표현하는 식품의 특별한 풍미가 살아나는 현상을 말한다. 인류의 식문화는 마이야르 반응과 함께 발전해 왔다고 해도 과언이 아니다.

마이야르 반응은 우리 체내에서도 일어나는 현상인데, 이는 마이야르 반응이 체온과 비슷한 낮은 온도에서도 발생한다는 의미다. 즉, 시간 문제일 뿐 낮은 온도에서도 마이야르 반응이 일어날 수 있다. 다만 마이야르 반응은 120도에서부터 빠르게 일어나며 170~180도에서 가장 활성화되므로 전 세계에 존재하는 대부분의 조리법이 160~190도 사이에서의 조리를 기반으로 한다.

마이야르 반응은 식품별로 다양한 맛과 풍미를 끌어낸다. 양식 중에서도 특히 프랑스 요리가 마이야르 반응을 기초로 발전했다고 해도 과언이 아닐 정도로 대부분의 요리가 이 현상을 기본으로 한다.

데글레이징은 마이야르 반응의 연장선에 있는 조리법이다. 마이야르 반응이 일어나는 동안에 반드시 팬이나 냄비 테두리 혹은 바닥에 눌어붙은 노릇한 형태의 물질이 생기는데, 데글레이징은 이를 각종 술이나 육수, 물을 이용해 순간적으로 고온에서 끓여 녹여내는 것이다. 이 과정을 통해 눌어붙어 있던 다양한 감칠맛을 효과적으로 추출해 육수나 소스에 녹여낼 수 있다.

프랑스 요리 중 이름 끝에 퐁드fond가 붙은 육수나 소스가 많은데(이탈리아에서는 폰도fondo라고 표현한다) 이는 바닥을 뜻하며 동시에 냄비 바닥에 붙은 내용물을 데글레이징 해 사용했음을 의미한다. 왜냐면 가장 맛있는 농축 성분은 모두 냄비 바닥fond에서 시작하기 때문이다.

④ 소금, 허브, 올리브유

○ 소금

소금은 인류 역사에서 절대 빼놓을 수 없는 중요한 식재료다. 인간을 구성하는 필수 요소이자 소금 간만 잘해도 요리를 잘한다는 평을 들을 정도로 요리에서도 중요한 역할을 차지한다.

천일염

한국에서 가장 널리 사용되는 소금이다. 바닷물을 가두어 증발시킨 후 간수를 빼 만든다. 천일염을 만들 때 간수를 제대로 빼지 않으면 소금에서 쓴맛이 나는데, 이를 피하기 위해 간수를 빼는 과정에서 많은 영양분이 함께 빠져나기도 한다.

천일염에는 단순한 짠맛 이외에 감칠맛도 섞여 있어 간을 맞추는 것 외에도 요리에 천연 조미료로 활용할 수 있다.

정제염

바닷물을 정수한 뒤 장치에 통과시켜 얻는 순수한 소금이다. 순수한 짠맛만을 포함하고 있어 요리 중 소금 간이 필요할 때 가장 직관적으로 사용할 수 있다. 국내에서는 유일하게 한주소금에서 생산하고 있다.

이탈리아에서는 일반적으로 바닷물에서 얻은 소금을 정제해 가는 형태의 소금과 굵은 형태의 소금으로 나누어 판매한다. 또 염전에서 채취한 천일염도 많이 사용한다.

이탈리아를 대표하는 소금으로는 시칠리아의 트리파니 소금이 유명하며 이 외에도 에밀리아로마냐의 체르비아, 사보이아의 마르게리타, 사르데냐의 칼리아리, 풀리아산 소금 등이 있다.

개인적으로 여러 시행착오 끝에 리조또를 포함한 거의 모든 요리에 천일염이 더 적합하다는 결론을 내렸다. 천일염 고유의 감칠맛 섞인 짠맛이 요리의 마지막 인상을 결정짓는 강력한 포인트 역할을 하기 때문이다. 이러한 특성 때문에 요리 마무리 단계에서 크리스털 결정 형태의 고급 천일염을 뿌리기도 한다.

허브

허브는 다양한 향과 풍미를 더해 리조또의 질을 한 단계 끌어올리는 고마운 재료다. 지금부터 책에서 주로 활용한 허브를 중심으로 다양한 허브에 대해 알아보겠다. 이탈리아 요리에 자주 쓰이고 한국에서도 쉽게 구할 수 있는 허브 위주로 구성하였다.

차이브

부추와 비슷한 형태의 허브로 쪽파와 비슷한 알싸한 향을 낸다. 해산물과 잘 어울린다.

세이지

코를 찌르는 듯한 강한 향이 특징이다. 너무 많은 양을 사용하면 특유의 향 때문에 마치 한약과 같은 냄새가 나기도 한다. 주로 버터와 조합해 생파스타의 기본 소스로 활용하며 돼지고기 요리에도 자주 쓰인다.

민트

민트 특유의 알싸하고 화한 향은 요리의 포인트 역할을 톡톡히 한다. 파스타나 살사 베르데 같은 허브 베이스 소스에 자주 사용된다. 갑각류와 홍합, 흰살생선과는 잘 어울리지만 조개류나 붉은살 생선과는 궁합이 맞지 않다.

파슬리

파슬리를 빼고 이탈리아 요리를 말할 수 있을까. 그만큼 파슬리는 바질과 함께 가장 기본적으로 사용하는 허브다. 특유의 감칠맛을 지니고 있으며 범용성이 매우 뛰어나고 다재다능하다.

바질

화한 향과 진한 향이 동시에 존재한다. 언뜻 깻잎과 비슷하다고 느낄 수도 있다. 바질의 잎사귀가 너무 크면 쓴맛이 느껴질 수도 있기 때문에 구입할 때 잎이 너무 크지 않은 것을 골라야 한다. 흰살생선이나 조개, 토마토와 궁합이 좋다.

월계수 잎

월계수 잎은 단독으로 사용되거나 요리에 직접 사용되는 경우가 드물다. 대신 육수나 라구처럼 오래 끓이는 요리에 주로 사용된다. 향이 무척 강하기 때문에 1~2장만 사용해도 충분하다. 요리의 잡내를 없애주는 역할을 한다.

로즈메리

장미와 비슷한 향을 지녔다. 우리에게 가장 친숙하고 구하기도 쉽지만 사용하기가 굉장히 어려운 허브이기도 하다. 주로 콩을 삶을 때 한 줄기씩 넣어주면 콩 특유의 비린내를 잡아준다. 육류나 등푸른생선처럼 비린내가 강한 생선 요리에 자주 사용된다.

타임

주로 고기를 구울 때 버터와 함께 활용한다. 고기를 조리하며 타임과 함께 녹은 버터의 거품을 끼얹는 방식으로, 기름기가 많은 묵직한 고기 요리에 특유의 산뜻한 향을 더할 수 있다. 버섯과도 궁합이 좋다.

◦ 올리브유

올리브유는 이탈리아 요리에서 절대 빠질 수 없는 재료다. 파스타나 리조또를 조리할 때는 물론이고 샐러드의 드레싱까지 거의 모든 요리에 활용된다고 할 수 있다.

이렇게 이탈리아 요리 전반에 사용되는 올리브유에 대한 오해가 하나 있다. 엑스트라버진 올리브유는 발연점이 낮아 조리용으로 적합하지 않다는 것이다. 하지만 이는 잘못된 사실이다. 기름의 발연점을 결정하는 것은 FFA(유리지방산) 수치인데 일반적인 엑스트라버진 올리브유는 0.8%가 기준이며, 이때 발연점은 약 160도에 달한다.

최고급 엑스트라버진 올리브유의 경우 발연점이 최대 200~220도이기 때문에 튀김용으로 활용해도 전혀 문제가 없다. 다만 튀김용으로 올리브유를 사용할 경우 특유의 향과 맛이 전부 사라지기 때문에 굳이 사용하지 않을 뿐이다.

반면 간단한 볶음이나 구이에 엑스트라버진 올리브유를 사용하는 것은 전혀 문제가 되지 않는다. 오히려 엑스트라버진 올리브유의 풍미가 요리의 기본 풍미를 받쳐줘 맛을 한 단계 끌어올린다.

올리브유에 대한 또 다른 오해는 퓨어 올리브유는 조리용이고, 엑스트라버진 올리브유는 마무리 혹은 샐러드용이라는 것이다. 하지만 이는 반은 맞고 반은 틀리다. 적어도 직접 경험한 이탈리아 주방에서는 파스타나 리조또, 그 외 해산물 요리에 모두 엑스트라버진 올리브유를 활용한다. 거기에 요리 마무리 단계에 최고급 엑스트라버진 올리브유를 첨가해 맛을 한 번 더 끌어올린다.

솔직히 말하자면, 조리에 엑스트라버진 올리브유가 적합하지 않다는 주장은 단가가 높다는 이유로 상대적으로 더 저렴한 퓨어 올리브유를 사용하는 이들의 변명이 아닐까 생각한다. 그러므로 앞으로 요리할 때, 특히 이탈리아 요리를 할 때는 엑스트라버진 올리브유를 마음껏 활용해도 좋다. 오히려 더 맛있는 요리가 완성될 것이다.

올리브유를 고를 때는 무조건 어두운 색 유리병에 담긴 제품을 선택해야 한다. 올리브유는 빛이 투과하지 않도록 두꺼운 유리병에 담아 판매하는 것이 기본인데, 시중에 판매되는 몇몇 제품처럼 플라스틱 용기에 담긴 제품은 비록 포장 용기의 색이 어두울지라도 빛을 충분히 막지 못해 품질에 영향을 끼칠 수 있다.

더불어 가급적이면 유럽연합의 지리적 표시제 보호와 인증을 받은 DOP 혹은 IGP 마크가 붙은 제품을 구입하자.

올리브유는 와인과 마찬가지로 직접 시음하지 않는 이상 맛과 향을 정확히 알 수 없다. 따라서 여러 제품을 사용하며 나에게 가장 잘 맞는 브랜드를 선택하는 것이 가장 좋다. 한국에서는 이탈리아와 비교해 시중에 판매되는 올리브유의 종류가 훨씬 적기 때문에 많은 제품을 직접 맛보고 비교하기가 어렵지만, 반대로 좁은 제품군 덕분에 선택이 훨씬 쉬워졌다고 볼 수도 있으니 모두 자신의 입맛에 꼭 맞는 올리브유를 찾길 바란다.

리조또의 핵심은 '쌀'이다.
책에서는 이탈리아 대표 쌀인 〈카르나롤리〉 쌀과 한국 대표 〈신동진〉 쌀을 활용한 조리법을 모두 소개한다.
지금까지 이탈리아 쌀이 없어 리조또 조리를 망설여 왔다면 지금 당장 도전해보자.
한국의 쌀로도 얼마든지 리조또를 만들 수 있다.

Risotto alla parmigiana

파마산 리조또

파마산 리조또는 가장 기본적인 형태의 리조또다. 덕분에 쌀의 특성이 매우 잘 드러난다. 다만 지금 소개하는 조리법은 전통 방식을 좀 더 현대적으로 재해석했다. 앞서 설명한 대로 괄티에로 마르케지 스타일에 따라 볶은 양파를 추가하는 대신 신 버터를 활용했다. 여기에 개인적인 경험을 더해 몇 가지 조리 과정에 변화를 주었다.

Ingredients
1인분 기준

신동진 쌀 80g	카르나롤리 쌀 80g
닭 육수 약 450ml	닭 육수 약 400ml
신 버터 10g	신 버터 10g
버터 20g	버터 25g
파르미지아노 레지아노 치즈 20g	파르미지아노 레지아노 치즈 30g
화이트와인 20ml	화이트와인 20ml
엑스트라버진 올리브유 10g	엑스트라버진 올리브유 10g
소금, 후추 적당량	소금, 후추 적당량

Recipe

1 아무것도 두르지 않은 냄비를 중불에 올리고 쌀을 넣는다. 소금, 후추로 간하고 천천히 볶는다. 너무 센 불에 오래 볶으면 쌀이 캐러멜라이징 되어 리조또의 색이 노르스름하게 변할 수 있으니 불 조절에 유의하자.

> **Tip**
> 아무것도 첨가하지 않은 상태로 쌀을 볶다 물이나 와인을 넣으면 쌀이 수분을 만나는 순간 더 많은 전분이 발생하기에 모든 양념의 맛을 더 잘 흡수할 수 있다.

2 손으로 만졌을 때 쌀이 뜨거워졌다면 화이트와인을 넣고 중불에서 잘 섞어가며 졸인다.

3 와인이 졸아들면 뜨겁게 데운 육수를 조금씩 나누어 넣어가며 쌀을 익힌다.

> **Tip**
> 신동진 쌀의 점도가 높아 농도를 맞추기 위해서는 더 많은 육수가 필요하다. 따라서 카르나롤리 쌀보다 더 많은 양의 육수를 준비했다. 이는 하나의 가이드라인일 뿐이며 불 세기나 조리 도구 등 조리 환경에 따라 얼마든지 달라질 수 있다.
> 모든 재료의 정량을 정확하게 계량해 제시하는 것은 불가능한 일이고, 따라서 요리의 상태를 세심하게 살펴 상황에 맞게 재료의 양을 조절해야 함을 명심하자.

4 쌀이 적당히 익으면 불을 끄고 준비한 일반 버터와 신 버터, 파르미지아노 레지아노 치즈, 엑스트라버진 올리브유를 넣은 뒤 소금과 후추로 간하고 30초간 휴지한다.

> (Tip 1)
> 카르나롤리 쌀의 조리 시간은 16~18분 정도, 신동진 쌀은 15~17분 정도가 적당하다. 이는 앞으로 소개할 모든 리조또에 공통적으로 적용되는 사항이다.

> (Tip 2)
> 엑스트라버진 올리브유는 특유의 알싸한 맛과 풀 냄새를 품고 있다. 덕분에 신 버터의 산미와 만나 리조또의 맛을 더욱 풍부하게 만들고 전체적인 맛의 조화를 이루게 한다.

5 휴지를 마쳤으면 모든 재료를 섞으며 만테까레 한다.

> (Tip)
> 버터와 치즈를 넣고 잠시 휴지하는 이유는 추가한 재료와 쌀의 온도를 동일하게 맞추어 잘 섞이게 하고, 이를 통해 더 쉽게 유화하기 위해서다. 만약 휴지 시간이 길어 재료가 지나치게 식었다면 불을 약불로 유지한 채 데우며 만테까레 해도 괜찮다.

6 완성된 리조또를 평평한 접시에 고르게 담아 마무리한다.

> 김밀란의 요리 TMI: 이탈리아 쌀 vs 한국 쌀

파르미지아노 리조또는 육수와 버터, 치즈만을 넣는 가장 기본적인 리조또인 만큼 재료의 특성이 매우 분명하게 드러난다.

아래 사진은 쌀 품종에 따른 특성을 더 확실히 비교하기 위해 카르나롤리와 신동진, 아르보리오와 고시히카리 쌀을 이용해 만든 네 종류의 파르미지아노 리조또. 다만 앞서 소개한 조리법과 동일한, 쌀과 지방을 함께 볶는 전통 스타일이 아닌 현대적인 방법으로 요리했다. 이 방식이 전분의 활성화가 더욱 크게 진행되고 육수가 쌀에 더 효과적으로 흡수되어 깊은 맛을 낼 수 있기 때문이다.

육안으로 비교했을 때 카르나롤리 쌀을 이용한 리조또가 신동진 쌀을 이용한 리조또에 비해 확실히 쌀알의 크기가 더 크고 크리미한 것을 볼 수 있다. 다만 쌀알의 점도는 큰 차이가 없다. 이는 카르나롤리가 다른 쌀에 비해 점도는 낮지만 훌륭한 리조또를 만드는 데에는 더 적합하다는 것을 의미한다.

카르나롤리 쌀   신동진 쌀

신동진 쌀은 다른 한국 품종 쌀에 비해 쌀알의 크기가 월등히 크기 때문에 훌륭한 리조또를 완성하는 데 적합한 품종임을 다시 한번 확인할 수 있다. 아쉬운 점은 그럼에도 카르나롤리보다는 쌀알의 크기가 작기 때문에 식감에서 차이가 발생한다는 것이다. 또한 점도가 높아 리조또의 농도를 잡기는 쉬우나 동시에 쌀알 자체가 끈적이기 때문에 알알이 흐트러지는 식감을 표현하기에는 다소 아쉽다.

아르보리오는 한국 쌀과 비슷한 점도로 확실히 크리미한 질감을 내는 데는 어려움이 없지만 아밀로오스 함유량이 낮아 쌀알이 끈적이고 뭉치는 경향이 있다. 그럼에도 충분히 훌륭하다. 다만 고시히카리 쌀의 경우 같은 한국 품종인 신동진 쌀에 비해서도 쌀알의 크기가 확연하게 작고, 조리 과정에서 손상된 쌀도 존재했다. 요리가 완성되었을 때에도 리조또 라기보다 덜 익은 쌀죽의 느낌이 강했다.

자세한 비교를 통해 결국 이탈리아 쌀 중에서는 카르나롤리 쌀이, 국내산 쌀 중에서는 신동진 쌀이 리조또에 가장 적합한 품종임을 확인했다. 이탈리아 쌀을 구하기 어렵다면 신동진 쌀을 활용해 정통 리조또의 맛과 식감을 표현해 보자.

아르보리오 쌀

고시히카리 쌀

Risotto alla carbonara

까르보나라 리조또

까르보나라는 명실상부 이탈리아를 대표하는 요리다. 그만큼 다양한 레시피가 존재하며 개중에는 잘못된 레시피도 있다. 지금 소개하는 레시피는 내가 이탈리아에서 요리 학교를 다닐 때 배웠던 것으로, 가장 근본적이며 기초적인 까르보나라에 가깝다. 다만 파스타가 기본인 까르보나라 레시피를 리조또로 새롭게 풀어냈다.

이번 레시피에서는 육수가 아닌 물을 사용했다. 이는 관찰레에서 나온 지방을 그대로 녹여 내 리조또에서도 까르보나라 파스타의 맛을 최대한 재현하기 위해서다. 만일 관찰레 대신 판체타나 베이컨을 사용한다면 맹물이 아닌 채소 육수를 활용하면 된다.

Ingredients
1인분 기준

신동진 쌀 80g
달걀 노른자 3개
관찰레 40g
페코리노 로마노 치즈 15g
물 400ml
통후추 적당량

카르나롤리 쌀 80g
달걀 노른자 3개
관찰레 40g
페코리노 로마노 치즈 15g
물 350ml
통후추 적당량

*관찰레는 판체타나 베이컨으로 대체해도 좋다. 다만 관찰레를 사용하지 않을 경우 오일의 양을 더 늘려야 잘 볶아지니 참고하자.

Recipe

1. 통후추는 팬에 가볍게 볶은 후 굵게 으깨서 준비한다.
2. 관찰레는 가늘게 채 썬다.
3. 페코리노 로마노 치즈 15g을 그레이터에 갈아 준비한다.
4. 달걀 노른자 3개에 갈아둔 페코리노 로마노 치즈를 넣고 잘 섞는다.
5. 약불에 냄비를 올린 뒤 잘라둔 관찰레를 넣어 기름이 충분히 빠지도록 천천히 굽는다.
6. 관찰레가 바삭하게 익으면 건져내고 키친타올에 받쳐 기름을 뺀다. 불을 끄고 잠시 냄비를 식힌다.

1-1

1-2

2

7   다시 불을 켜고 중불로 맞춘 뒤, 관찰레 기름이 남아 있는 냄비에 쌀을 넣고 볶는다. 이때 소금, 후추 간을 더한다.

8   뜨거운 물을 조금씩 나누어 넣어가며 쌀을 익힌다.

9   다른 리조또에 비해 수분이 넉넉한 상태에서 조리를 마무리한다.

> **Tip**
> 까르보나라 리조또는 특히 추가하는 물의 양이나 횟수가 더욱 유동적이다. 리조또의 상태를 세심히 관찰하며 조절한다.

10   노른자와 치즈를 섞은 혼합물과 후추, 구워둔 관찰레 절반을 손으로 부숴서 넣고 만테까레 한다. 이때 약불에서 약 10초간 가열해 농도를 잡으며 달걀을 익힌다.

11 완성된 리조또를 접시에 담고, 남아 있는 관찰레와 후추를 올려 요리를 완성한다.

> 김밀란의 요리 TMI

전통 방식의 까르보나라 레시피를 소개하면 달걀 물을 추가했을 때 부드러운 소스처럼 완성되는 것이 아니라 스크램블처럼 덩어리진다는 질문을 받곤 한다. 그런데 사실 달걀은 생각보다 쉽게 익지 않는다. 노른자는 65도에서 익기 시작해 70도가 넘어가야 응고되기 시작하며, 외부에서 내부로 이동하는 열의 특성 덕분에 반숙 달걀처럼 노른자가 흐르는 상태로 요리를 마무리할 수도 있다. 만약 노른자에 수분이 더해지면 익는점은 더욱 상승한다.

따라서 까르보나라 리조또를 만들 때도 동일한 원리가 적용된다. 리조또 마무리 단계에서 넉넉한 양의 수분을 남긴 채 노른자를 넣어 섞고 약한 불에서 요리를 마무리하면 적절한 농도의 부드러운 까르보나라 리조또를 완성할 수 있다.

Risotto ai funghi

버섯 리조또

산이 많은 이탈리아에는 다양한 종류의 버섯이 자란다. 많은 종이 인공적으로 재배되고 있지만 아직도 몇몇 버섯은 재배 조건이 까다로워 자연 채취만 가능하다.

국내에서는 그물버섯이라고도 불리는 포르치니는 야생에서 채취되는 종으로 이탈리아를 대표하는 고급 버섯이다. 우리나라에서도 자생하지만 대중에게 잘 알려져 있지는 않다. 포르치니가 재배되는 계절은 가을로, 이때 재배되는 것은 생물로 활용되고 그 외 상품 가치가 떨어지는 버섯은 건조해 사용한다.

독특한 향과 산미를 지닌 포르치니는 이탈리아에서 다양한 요리에 활용되고 있다. 지금 소개하는 버섯 리조또는 말린 포르치니와 다양한 버섯을 함께 활용해 풍부한 버섯의 향을 느낄 수 있다.

Ingredients
1인분 기준

신동진 쌀 80g	카르나롤리 쌀 80g
닭 육수 400ml (리조또용)	닭 육수 350ml (리조또용)
닭 육수 150ml (퓨레용)	닭 육수 150ml (퓨레용)
파르미지아노 레지아노 치즈 20g	파르미지아노 레지아노 치즈 20g
신 버터 10g	신 버터 10g
버터 10g	버터 10g
말린 포르치니 버섯 5g	말린 포르치니 버섯 5g
양송이버섯 100g	양송이버섯 100g
그 외 다양한 종류의 버섯 적당량	그 외 다양한 종류의 버섯 적당량
화이트와인 20ml	화이트와인 20ml
마늘 1개	마늘 1개
샬롯 1개 혹은 양파 1/4개	샬롯 1개 혹은 양파 1/4개
파슬리, 타임 적당량	파슬리, 타임 적당량
소금, 후추, 올리브유 적당량	소금, 후추, 올리브유 적당량

Ready

버섯 퓨레 Mushroom puree

1 말린 포르치니는 흐르는 물에 여러 번 헹궈 흙을 깨끗이 씻어낸다.

2 씻은 포르치니를 뜨겁게 데운 닭 육수 150ml에 담가 최소 1시간 이상 우려낸다. 육수가 다 우러났다면 체로 걸러 이물질을 제거한다.

Tip
건조 버섯을 사용하기 때문에 충분한 시간 동안 우려내야 풍부한 향과 맛을 낼 수 있다. 전날 미리 준비해 두어도 좋다.

3 양송이버섯은 한 입 크기로 자르고 나머지 버섯들도 먹기 좋은 크기로 찢어 준비한다.

4 마늘은 칼등으로 으깨고 샬롯은 가늘게 채 썰어 준비한다.

<u>5</u>   중불에 팬을 올린 뒤 올리브유를 두르고 으깬 마늘과 샬롯, 파슬리를 넣어 볶는다.

<u>6</u>   재료가 어느 정도 익으면 준비해 둔 양송이버섯과 말린 포르치니, 타임을 넣고 소금, 후추로 간한 뒤 4~5분간 볶는다. 이때 타임은 잎만 사용한다.

7 버섯이 어느 정도 익으면 약불로 줄인 뒤 재료가 잠길 만큼 포르치니를 우려냈던 닭 육수를 붓고 최소 20분간 졸인다.

8 버섯을 눌렀을 때 쉽게 뭉그러지고 육수도 자작하게 졸아들면 모든 재료를 믹서기에 옮겨 담은 뒤 곱게 간다.

9 믹서기에 간 퓨레를 한 번 더 체로 걸러 버섯 퓨레를 완성한다.

Recipe

1 아무것도 두르지 않은 냄비를 중불에 올리고 쌀을 넣는다. 소금, 후추로 간하고 천천히 볶는다.
2 쌀이 뜨거워지면 화이트와인을 넣고 중불에서 잘 섞어가며 졸인다.

<u>3</u> 화이트와인이 졸아들면 따뜻하게 데운 리조또용 닭육수 400ml를 조금씩 나누어 넣어가며 쌀을 익힌다.

<u>4</u> 쌀을 익히는 동안 한쪽에서 여분의 팬을 아주 뜨겁게 달군다. 올리브유를 두르고 손으로 찢어 준비한 버섯을 노릇하고 바삭하게 굽는다. 소금, 후추로 간하고 타임을 넣어 잘 섞어준다.

5 쌀이 다 익었으면 불을 끈다. 버터와 치즈, 올리브유를 넣고 버섯 퓨레를 2큰술을 추가한 다음 만테까레 한다.

> **Tip 1**
>
> 앞으로 퓨레를 활용한 다양한 리조또 레시피를 소개할 텐데, 이때 퓨레의 점도와 수분량을 확실히 파악해야 한다. 퓨레가 되직하다면 리조또의 점도 역시 올라가기 때문에 냄비에 육수가 충분히 남아 있는 상태에서 만테까레 해야 한다. 반대로 퓨레가 묽으면 그만큼 맛도 약하기 때문에 육수를 더 졸여서 진행한다.

> **Tip 2**
>
> 퓨레를 활용한 리조또 레시피는 조리 중간에 퓨레를 넣는 경우와 마무리 단계에 퓨레를 넣는 경우로 나뉘는데, 이는 요리에 사용하는 재료의 성격에 따라 달라진다. 재료의 섬세한 맛과 향이 쌀에 모두 스며들어야 하는 리조또라면 조리 초반이나 중반부터 함께 넣어 익힌다. 활용하는 재료의 맛과 특징이 강하다면 조리 마무리에 퓨레를 첨가해 리조또의 농도를 맞추고 맛의 포인트를 주는 용도로 활용하면 된다.

6 접시에 완성된 리조또를 담고 앞서 볶아둔 버섯과 파슬리를 얹어 요리를 완성한다.

> 김밀란의 요리 TMI

이번 레시피에서는 버섯의 향을 더 잘 느낄 수 있도록 퓨레 형태로 만들어
활용했다. 버섯 퓨레를 만들 때 가장 중요한 점은 시간을 들여 버섯을 충분히
익혀야 한다는 것이다. 버섯이 충분히 익지 않은 상태에서 곧바로 갈아버리면
버섯의 향이 살아나지 않아 퓨레의 맛이 밍밍해진다. 버섯은 많은 양의 수분을
포함하고 있어서 시간을 들여 익혀 수분을 날릴수록 맛이 더 진해진다.
사용하고 남은 버섯 퓨레는 파스타에 활용해도 좋다. 별도의 생크림을
첨가하지 않아도 진한 버섯 향을 느낄 수 있는 멋진 버섯 크림 파스타를 맛볼
수 있을 것이다.

Risotto al limone

레몬 리조또

레몬은 이탈리아 요리에서 매우 다양하게 사용되는 재료다. 감귤류 특유의 달콤하면서도 신선한 향과 상큼한 맛이 요리를 가볍게 만들며 생동감을 불어넣어 주기 때문이다.

레몬 리조또는 이탈리아에서 굉장히 대중화된 요리지만 정확한 기원을 찾을 수는 없다. 흥미로운 가설 하나는 인도에서 건너온 조리법이 리조또의 형태로 만들어졌다는 것인데, 수많은 레시피들이 그렇듯 하나의 가설일 뿐이다.

나는 이 레몬 리조또를 조금 더 가볍고 향긋하게 만들기 위해 채소 육수와 허브 버터를 사용하였다.

Ingredients
1인분 기준

신동진 쌀 80g
채소 육수 450ml
허브 버터 10g
헤이즐넛 버터 10g
파르미지아노 레지아노 치즈 25g
레몬제스트 1/2개
레몬즙 15g
소금, 후추, 올리브유 적당량

카르나롤리 쌀 80g
채소 육수 400ml
허브 버터 10g
헤이즐넛 버터 20g
버터 5g
파르미지아노 레지아노 치즈 25g
레몬제스트 1/2개
레몬즙 15g
소금, 후추, 올리브유 적당량

Recipe

1. 아무것도 두르지 않은 냄비를 중불에 올리고 쌀을 넣는다. 소금, 후추로 간하고 천천히 볶는다.
2. 쌀이 뜨거워지면 채소 육수를 조금씩 나누어 넣어가며 쌀을 익힌다.
3. 쌀이 익으면 불을 끄고 준비한 모든 종류의 버터와 파르미지아노 레지아노 치즈, 엑스트라버진 올리브유, 레몬제스트, 레몬즙을 넣고 30초간 휴지한다.

4 소금, 후추로 다시 간을 맞추고 만테까레 한다.

5 완성된 리조또를 접시에 담은 뒤 레몬제스트를 추가해 요리를 완성한다.

> **Tip**
> 이탈리아 사람들은 감초를 굉장히 좋아한다. 감초 특유의 단맛과 향을 즐기기 위해 요리나 디저트에 활용하고 차로도 마신다. 감초 가루는 레몬 리조또의 산미를 적당하게 눌러주면서 레몬의 향긋함과 잘 어우러지기 때문에 새로운 맛을 시도하고 싶다면 완성된 리조또 위에 가볍게 뿌려도 좋다.

Risotto alla zucca

단호박 리조또

단호박은 이탈리아 롬바르디아주 만토바에서 가장 많이 사용하는 요리 재료다. 만토바산 단호박은 이 지역의 특산품으로 '만토바 호박'이라는 별칭으로 불리기도 한다. 만토바산 단호박을 활용한 요리 중에는 단호박으로 속을 채운 라비올리가 유명하며, 이 외에도 리조또, 뇨끼, 수프 등 다양한 요리가 있다. 물론 그냥 구워 먹어도 맛있다. 단호박이야말로 이탈리아의 대표적인 가을 식재료다.

단호박을 활용한 리조또는 짭짤하면서도 살짝 달큼한 맛이 난다. 특별한 리조또를 맛보고 싶다면 도전해 보자.

Ingredients
1인분 기준

신동진 쌀 80g	카르나롤리 쌀 80g
닭 육수 400ml	닭 육수 350ml
단호박 100g	단호박 100g
신 버터 10g	신 버터 10g
헤이즐넛 버터 10g	헤이즐넛 버터 15g
파르미지아노 레지아노 치즈 20g	파르미지아노 레지아노 치즈 20g
화이트와인 20ml	화이트와인 20ml
세이지 5g	세이지 5g
루콜라 적당량	루콜라 적당량
소금, 후추, 올리브유 적당량	소금, 후추, 올리브유 적당량

Ready

단호박 퓨레 Alla zucca puree

1 단호박은 반으로 자르고 숟가락으로 씨와 속을 긁어낸다.

2 속을 파낸 단호박의 껍질을 필러로 벗긴 뒤 작고 얇게 자른다.

3 냄비에 올리브유를 3~4큰술 두르고 중불에 달군다. 달궈진 냄비에 준비한 세이지 잎 절반을 넣고 튀긴다. 잎이 바삭해지면 건져내 키친타올로 닦아 눅눅해지지 않도록 한다.

4 세이지 잎을 튀긴 냄비에 잘라둔 단호박과 튀기지 않고 남겨둔 세이지를 넣어 함께 볶는다. 소금과 후추로 간을 한다.

5 단호박이 어느 정도 익으면 볶은 단호박이 충분히 잠길 정도로 냄비에 물을 붓고 뚜껑을 덮어 약불로 익힌다. 단호박이 완전히 뭉개질 때까지 익으면 불을 끈 뒤 세이지를 건져낸다.

6 다 익은 단호박을 믹서기로 곱게 간 후 체로 걸러 퓨레를 완성한다.

Recipe

1 찬물에 루콜라를 담가 싱싱함을 잃지 않도록 준비한다.

2 아무것도 두르지 않은 냄비를 중불에 올리고 쌀을 넣는다. 소금, 후추로 간하고 천천히 볶는다.

3 쌀이 뜨거워지면 화이트와인을 넣고 중불에서 잘 섞어가며 졸인다. 와인이 졸아들면 뜨겁게 데운 육수를 조금씩 나누어 넣어가며 쌀을 익힌다.

4   마지막 육수를 넣은 직후 미리 만들어둔 단호박 퓨레 2큰술을 넣고 천천히 익힌다.

5   쌀이 다 익으면 불을 끈다. 버터, 치즈, 올리브유를 넣고 단호박 퓨레를 2큰술 추가한 다음 만테까레 한다.

6   완성된 리조또를 접시에 담고 물기를 털어낸 루콜라와 튀긴 세이지 잎을 올려 마무리한다.

Risotto agli asparagi

아스파라거스 리조또

아스파라거스는 유럽이나 영미권 요리에서 빼놓을 수 없는 재료다. 독특한 맛과 향은 물론 시각적인 즐거움까지 선사하는 굉장히 다재다능한 재료이기 때문이다.

아스파라거스 리조또는 자유로운 재료 선택이 가능하다는 리조또의 특징이 가장 잘 드러나는 요리이기도 하다. 특히 봄과 완벽하게 어울리며, 부드러운 식감과 쌉쌀하면서도 향긋한 맛으로 입맛을 되살리는 데 효과적이다.

Ingredients
1인분 기준

신동진 쌀 80g
채소 육수 450ml
신 버터 15g
버터 10g
아스파라거스 150g
시금치 30g
페코리노 로마노 치즈 20g
마스카르포네 치즈 20g
소금, 후추, 올리브유 적당량

카르나롤리 쌀 80g
채소 육수 400ml
신 버터 15g
버터 10g
아스파라거스 150g
시금치 30g
페코리노 로마노 치즈 20g
마스카르포네 치즈 25g
소금, 후추, 올리브유 적당량

Ready

아스파라거스 퓨레 Agli asparagi puree

1 아스파라거스의 딱딱한 밑둥을 잘라낸다.

2 잘라낸 밑둥을 손가락 한 마디 크기로 자른다.

3 준비한 채소 육수에 잘게 자른 밑둥을 넣고 약불에서 약 15분간 끓여 아스파라거스 육수를 만든다.

4 남은 아스파라거스 줄기의 잎 부분을 제거한다.

5   아스파라거스의 맨 위 3cm 만큼을 잘라 분리한 뒤 남은 기둥 부분을 잘게 자른다. 이때 아스파라거스 1개는 샐러드를 위해 자르지 않고 따로 남겨둔다.

6   시금치를 깨끗이 씻어 물기를 제거한 뒤 적당한 크기로 자른다. 잘게 자른 아스파라거스 줄기와 시금치를 아스파라거스 육수에 넣고 1분에서 1분 30초 정도 센 불에서 끓인다.

7   삶은 아스파라거스와 시금치는 건져내 찬물에 담가 식힌 다음 믹서기로 곱게 갈고 체로 걸러 퓨레를 완성한다.

Tip
퓨레가 너무 뻑뻑하다면 물을 조금씩 추가해 농도를 조절한다.

> **Recipe**

1 샐러드용으로 남겨둔 아스파라거스는 필러를 사용해 얇게 저민 후 소금, 올리브유로 양념한다.

2 아무것도 두르지 않은 냄비를 중불에 올리고 쌀을 넣는다. 소금, 후추로 간한 뒤 육수를 조금씩 나누어 넣어가며 쌀을 익힌다.

3 쌀이 다 익기 2~3분 전에 퓨레를 만들 때 잘라놓은 아스파라거스 꼭지를 넣고 쌀과 함께 익힌다.

4 쌀이 다 익으면 불을 끄고 아스파라거스 퓨레와 버터, 치즈, 엑스트라버진 올리브유를 넣는다. 소금으로 간을 맞춘 다음 만테까레 한다.

5 완성된 리조또를 접시에 담고 올리브유로 양념한 아스파라거스 샐러드를 리조또 위에 올려 요리를 마무리한다.

> **김몰란의 요리 TMI**
>
> 아스파라거스 리조또에 페코리노 로마노 치즈를 사용한 이유는 페코리노 로마노 치즈 특유의 향이 아스파라거스와 매우 잘 어울리기 때문이다. 페코리노 로마노 치즈의 쿰쿰한 향은 잘 익은 아스파라거스의 향과 비슷하기 때문에 더욱 조화롭다. 여기에 마스카르포네 치즈의 부드러움이 어우러지면 더욱 완벽한 리조또를 완성할 수 있다.

Risotto al radicchio e vino rosso

라디키오 레드와인 리조또

낯선 이름의 식재료 라디키오는 붉은 양배추처럼 생겼고, 라디치오 혹은 레드 치커리라고도 불린다. 둥그런 형태가 가장 흔하지만, 트레비소 지역의 특산품으로 기다란 형태의 라디키오도 있다. 트레비소의 라디키오는 쏩쏠하면서 달콤한 맛이 특징이다. 샐러드 재료로는 물론 익혀 먹는 요리에서도 자주 활용된다.

이번 요리는 피에몬테주의 대표 리조또인 바롤로 와인을 사용한 바롤로 리조또와 트레비소에서 쉽게 찾을 수 있는 라디키오 리조또를 합친 것이다. 두 재료가 쌉싸름하면서도 짙은 맛을 내며 재료의 색도 비슷해 훌륭한 조합을 자랑한다. 바롤로 와인은 비싸니 이번 요리에선 아주 값싼 레드와인을 사용하도록 하자.

Ingredients
1인분 기준

신동진 쌀 80g	카르나롤리 쌀 80g
닭 육수 350ml	닭 육수 300ml
헤이즐넛 버터 10g	헤이즐넛 버터 10g
버터 15g	버터 25g
라디키오 50g	라디키오 50g
파르미지아노 레지아노 치즈 25g	파르미지아노 레지아노 치즈 25g
레드와인 150ml	레드와인 150ml
엑스트라버진 올리브유 소량	엑스트라버진 올리브유 소량
소금, 후추 적당량	소금, 후추 적당량

Ready

1   라디키오를 잘게 썰어 준비한다. 이때 흰 부분이 많이 섞인 두꺼운 줄기 쪽은 쌀과 함께 익히고, 붉은 이파리는 양념하여 샐러드로 사용할 예정이니 따로 구분해 놓는다.

Recipe

1. 냄비를 중불에 올리고 올리브유 0.5큰술을 두른다. 잘라놓은 라디키오 줄기 부분을 냄비에 넣고 잘 볶는다.

2. 라디키오 줄기의 숨이 죽고 충분히 익으면 쌀을 넣는다. 소금, 후추로 간하고 천천히 볶는다.

3 쌀이 뜨거워지면 레드와인을 넣고 잘 섞어가며 졸인다. 다른 리조또에 비해 레드와인이 굉장히 많이 들어가므로 충분히 졸여야 한다.

> **Tip**
> 레드와인을 많이 넣는 이유는 그 특유의 맛을 리조또에 충분히 녹여내고, 선명한 붉은빛을 유지하기 위해서다. 라디키오를 조리하면 시간이 지남에 따라 보랏빛으로 변하는데 레드와인을 넣으면 검붉은 빛을 유지할 수 있게 도와준다.

3-1

3-2

4 와인이 바닥을 보일 정도로 졸아들면 육수를 조금씩 나누어 넣어가며 쌀을 익힌다.

5 쌀이 적당히 익으면 불을 끄고 헤이즐넛 버터, 버터, 파르미지아노 레지아노 치즈를 넣은 뒤 30초간 휴지한다.

> Tip
>
> 헤이즐넛 버터를 사용하면 레드와인과 라디키오 특유의 떫은맛을 없애 맛의 균형을 잡을 수 있다.

6   리조또를 휴지하는 동안 잘라두었던 라디키오 이파리에 올리브유, 소금, 후추를 넣고 잘 섞는다.

7   잠시 식혀둔 리조또를 만테까레 한다.

8   접시에 완성한 리조또를 담고 그 위에 양념한 라디키오를 얹어 요리를 마무리한다.

153

Risotto con salsiccia e piselli

완두콩 살시차 리조또

살시차는 이탈리아의 생햄 중 하나로 아주 오래전부터 육류의 장기 보관을 위해 고안된 식재료다. 곱게 간 돼지고기에 와인, 향신료, 소금, 설탕, 식초 등을 넣어 양념한 후 케이싱하여 만든다. 살라미와 가장 큰 차이는 속 양념과 염도에 있다. 살시차는 생햄 그대로 삶거나 구워서 먹을 수도 있다.

살시차와 완두콩을 넣은 리조또는 이탈리아 전역에서 찾아볼 수 있는 대중적인 요리이며, 살시차 대신 판체타나 프로슈토 코토 같은 햄을 넣어도 된다. 나는 여기에 산미와 캐러멜향을 추가하고 파르미지아노 레지아노와 페코리노 두 가지 치즈를 섞어 루콜라를 얹은, 조금 더 복합적인 리조또를 소개한다.

Ingredients
1인분 기준

신동진 쌀 80g	카르나롤리 쌀 80g
육수 450ml	육수 400ml
헤이즐넛 버터 10g	헤이즐넛 버터 10g
버터 10g	버터 20g
살시차 50g *판체타나 베이컨으로 대체 가능	살시차 50g *판체타나 베이컨으로 대체 가능
완두콩 20g	완두콩 20g
화이트와인 20ml	화이트와인 20ml
파르미지아노 레지아노 치즈 15g	파르미지아노 레지아노 치즈 15g
페코리노 치즈 10g	페코리노 치즈 10g
샬롯 10g (양파로 대체 가능)	샬롯 10g (양파로 대체 가능)
올리브유 10g	올리브유 10g
루콜라 적당량	루콜라 적당량
*살시차 미사용 시 식초 5g	*살시차 미사용 시 식초 5g

Ready

1. 샬롯은 최대한 잘게 다진다.
2. 살시차 가운데를 칼로 잘라 배를 가른다.
3. 살시차를 감싸고 있는 케이싱 껍질을 잡아 뜯어 제거한다.
4. 안쪽의 고기를 손으로 잘게 찢어 준비한다.

   Tip
   살시차 대신 판체타나 베이컨, 다른 종류의 햄을 사용해도 조리 방법에는 차이가 없다. 다만 살시차는 제조자에 따라 각기 다른 레시피로 만들어지기 때문에 특유의 향과 양념을 느낄 수 있다. 공통 재료로는 와인과 식초가 포함되는데, 보존성을 높이는 산을 추가하기 위함이다. 따라서 살시차를 활용한 조리법에는 신 버터를 사용하지 않는다. 만약 다른 종류의 햄을 사용한다면 마지막 만테까레 단계에서 식초를 소량 추가해 맛의 균형을 맞춘다.

157

Recipe

1. 작은 팬을 센 불에 올리고 올리브유 0.5큰술을 두른 후 다진 샬롯을 넣어 볶는다.
2. 샬롯이 어느 정도 익으면 준비한 살시차를 넣고 소금, 후추로 약하게 간을 한다. 살시차가 익으면 팬을 한쪽으로 치워둔다.
3. 아무것도 두르지 않은 냄비를 중불에 올리고 쌀을 넣어 천천히 볶는다.
4. 쌀이 뜨거워지면 화이트와인을 넣고 졸이다가 육수를 조금씩 나누어 넣어가며 쌀을 익힌다.

5   조리 중간 지점에서 볶아둔 살시차와 샬롯, 완두콩을 추가해 함께 익힌다.

> **Tip**
> 냉동 완두콩을 사용하는 것이 경제적이고 합리적이다. 시중에 유통되는 냉동 완두콩의 품질도 충분히 좋기 때문에 거부감을 느낄 필요는 없다.

6   쌀이 다 익으면 불을 끄고 헤이즐넛 버터와 버터, 치즈, 올리브유를 넣고 1분간 휴지한다.

7   리조또를 휴지하는 동안 루콜라에 올리브유, 소금, 후추를 넣고 가볍게 간을 한다.

8   휴지시킨 리조또를 만테까레 한 뒤 접시에 담고 그 위에 양념한 루콜라를 얹어서 요리를 마무리한다.

Risotto allo zafferano

사프란 리조또

사프란 리조또는 바로 뒤에서 소개할 밀라네제 리조또의 한 형태지만, 오직 버터만을 사용할 뿐 소의 골수 같은 다른 지방을 사용하지 않은 것이 특징이다. 지금 소개하는 사프란 리조또는 신 버터를 사용해 부드러운 식감을 높인 괄티에로 마르케지의 시그니처 메뉴, 황금 리조또의 조리법을 토대로 재구성했다.

Ingredients 1인분 기준	신동진 쌀 80g	카르나롤리 쌀 80g
	닭 육수 350ml	닭 육수 300ml
	신 버터 10g	신 버터 10g
	버터 15g	버터 20g
	파르마지아노 레지아노 치즈 20g	파르마지아노 레지아노 치즈 20g
	사프란 2꼬집	사프란 2꼬집
	화이트와인 20g	화이트와인 20g
	뜨거운 물 100ml	뜨거운 물 100ml
	소금, 후추 적당량	소금, 후추 적당량

Recipe

1. 사프란 한 꼬집을 절구에 넣고 잘게 빻는다.
2. 잘게 빻은 사프란을 반으로 나눠 그중 절반을 뜨거운 물 100ml에 풀어둔다.
3. 아무것도 두르지 않은 냄비를 중불에 올리고 쌀과 나머지 절반의 사프란을 넣는다. 소금, 후추로 간하고 천천히 볶는다.
4. 쌀이 뜨거워지면 화이트와인을 넣고 중불에서 잘 섞어가며 졸인다.
5. 와인이 졸아들면 육수를 조금씩 나누어 넣어가며 쌀을 익힌다.

6 쌀이 약 80% 익으면 사프란을 녹여둔 물을 나누어 넣으며 쌀을 익힌다.

7 쌀이 적당히 익으면 불을 끄고 신 버터와 버터, 치즈를 넣은 뒤 30초간 휴지한다.

8 휴지를 마친 리조또를 만테까레 한 후 접시에 요리를 담아 완성한다.

> **김밀란의 요리 TMI**

왜 사프란을 반으로 나누어 사용하는 걸까? 사프란은 향이 굉장히 강한 향신료지만 조리 중 볶거나 가열하면 그만큼 많은 향이 날아간다. 요리 초반에 사용된 사프란은 쌀에 황금빛 색을 입히고 은은한 맛을 더하는 역할을 하고, 요리 후반 물에 녹여 사용한 사프란은 리조또에 온전한 사프란의 향을 추가하는 역할을 한다.

Risotto alla milanese

밀라네제 리조또 (밀라노식 리조또)

밀라네제 리조또는 최초의 리조또라고 불러도 손색없는 요리다. 처음 요리가 시작되었을 때는 사프란, 소 골수와 뇌, 소 지방을 재료로 만들었다. 오늘날에는 사프란과 버터를 넣어 리조또를 만들고 오소부코(송아지 뒷다리 정강이로 만든 일종의 찜 요리로 이탈리아 북부 롬바르디아주에서 유래된 것으로 전해진다)와 함께 먹는다. 지금 소개하는 밀라네제 레시피는 고대와 현대의 맛을 모두 느낄 수 있도록 소의 골수를 활용하였다.

Ingredients
1인분 기준

신동진 쌀 80g	카르나롤리 쌀 80g
소 육수 450ml	소 육수 400ml
신 버터 10g	신 버터 10g
버터 5g	버터 10g
소 골수 40g(약 2조각)	소 골수 40g(약 2조각)
파르미지아노 레지아노 치즈 20g	파르미지아노 레지아노 치즈 20g
사프란 적당량	사프란 적당량
소금, 후추 적당량	소금, 후추 적당량

> **Ready**

1 소 골수는 뼈째 소금물에 담근 뒤 반나절 정도 상온에 둔다.

   > **Tip**
   > 소금물에 소 골수를 넣어두면 삼투압 현상으로 염분이 골수 안까지 스며들면서 골수의 모양이 더 단단하게 유지된다. 소금물의 염도는 약 3%(100ml당 3g)에 맞춘다.

2 사프란 4~5조각을 잘게 부숴 따뜻하게 데운 소고기 육수 50ml에 넣고 우려낸다.

3 부드러워진 골수를 모양이 망가지지 않도록 조심히 빼낸다. 빼낸 골수를 찬물에 헹궈 뼛조각이 남지 않도록 깨끗이 씻는다.

4 골수를 반으로 나눠 절반은 잘게 썬다. 나머지 절반은 2cm 정도의 두께로 자른 뒤 냉장고에 넣어둔다.

> Tip
> 골수를 적당히 얇은 두께로 잘라 구워야 겉면을 노릇하게 굽는 것만으로 속까지 완전히 익힐 수 있다. 지나치게 두껍게 자르면 완전히 익히는 데까지 너무 오래 시간이 걸리고 그만큼 골수의 많은 부분이 녹아서 손실된다.

Recipe

1. 아무것도 두르지 않은 냄비를 중불에 올린 다음 잘게 잘라놓은 골수를 넣고 볶는다.

   Tip
   소 골수는 대부분 지방으로 이루어졌기 때문에 따로 기름이 필요하지 않다. 아무것도 두르지 않은 팬에 바로 구워도 골수 자체의 지방이 녹아 나오며 충분히 익는다.

2. 골수가 익으면서 기름이 충분히 나오면 냄비에 쌀을 넣고 소금, 후추로 간을 한다.

3. 쌀이 따뜻해지면 사프란 3~4조각을 잘게 부숴 함께 볶는다.

4. 볶은 쌀에 화이트와인을 넣고 졸이다가 육수를 조금씩 나누어 넣어가며 쌀을 익힌다.

5 쌀이 약 80% 익으면 사프란을 우려낸 육수를 넣어가며 익힌다. 이때 한쪽에서 여분의 팬을 뜨겁게 달군다.

6 쌀이 다 익으면 불을 끄고 버터와 치즈를 넣은 뒤 1분간 휴지한다.

7 리조또를 휴지하는 동안 뜨겁게 달궈둔 팬에 얇게 썰어 둔 골수를 올려 굽는다. 소금, 후추로 간하고 골수 양면이 노릇해질 때까지 굽는다.

> Tip
>
> 조리 시간은 골수 두께에 따라 달라질 수 있다. 약 1.5cm 기준 각 면당 1분에서 1분 30초 정도면 충분하다.

8 휴지한 리조또를 잘 섞어 만테까레 한다.

9 완성한 리조또를 접시에 담고 노릇하게 잘 구워진 골수를 얹어 요리를 마무리한다.

Chpater 4

Mare
바다

Risotto alla marinara

홍합 토마토 리조또 (마리나라 리조또)

이탈리아에서는 홍합과 와인, 레몬, 마늘로 조리한 요리를 일컬어 코체 알라 마리나라^{cozze} $^{alla\ marinara}$라고 한다. 이번 레시피는 여기에 토마토 소스를 추가해 리조또 형식으로 재해석한 것이다. 더불어 리조또에 어울리도록 몇 가지 재료에 변화를 주었으니 도전해 보자.

Ingredients
1인분 기준

신동진 쌀 80g	카르나롤리 쌀 80g
채소 육수 350ml	채소 육수 300ml
홍합 4~5개	홍합 4~5개
조개 4~6개	조개 4~6개
토마토 퓨레 80g	토마토 퓨레 80g
마스카르포네 치즈 20g	마스카르포네 치즈 20g
양파 작은 것 1/4개	양파 작은 것 1/4개
레몬제스트 1/2개	레몬제스트 1/2개
페페론치노 1개	페페론치노 1개
파슬리 4~6잎	파슬리 4~6잎
바질 적당량	바질 적당량
올리브유, 소금, 후추 적당량	올리브유, 소금, 후추 적당량

Ready

1 홍합은 껍질을 문질러 닦고, 껍질에 달라붙은 해초 수염을 깨끗이 제거해 손질한다.

2 양파를 잘게 다진다.

3 파슬리도 최대한 잘게 다진다.

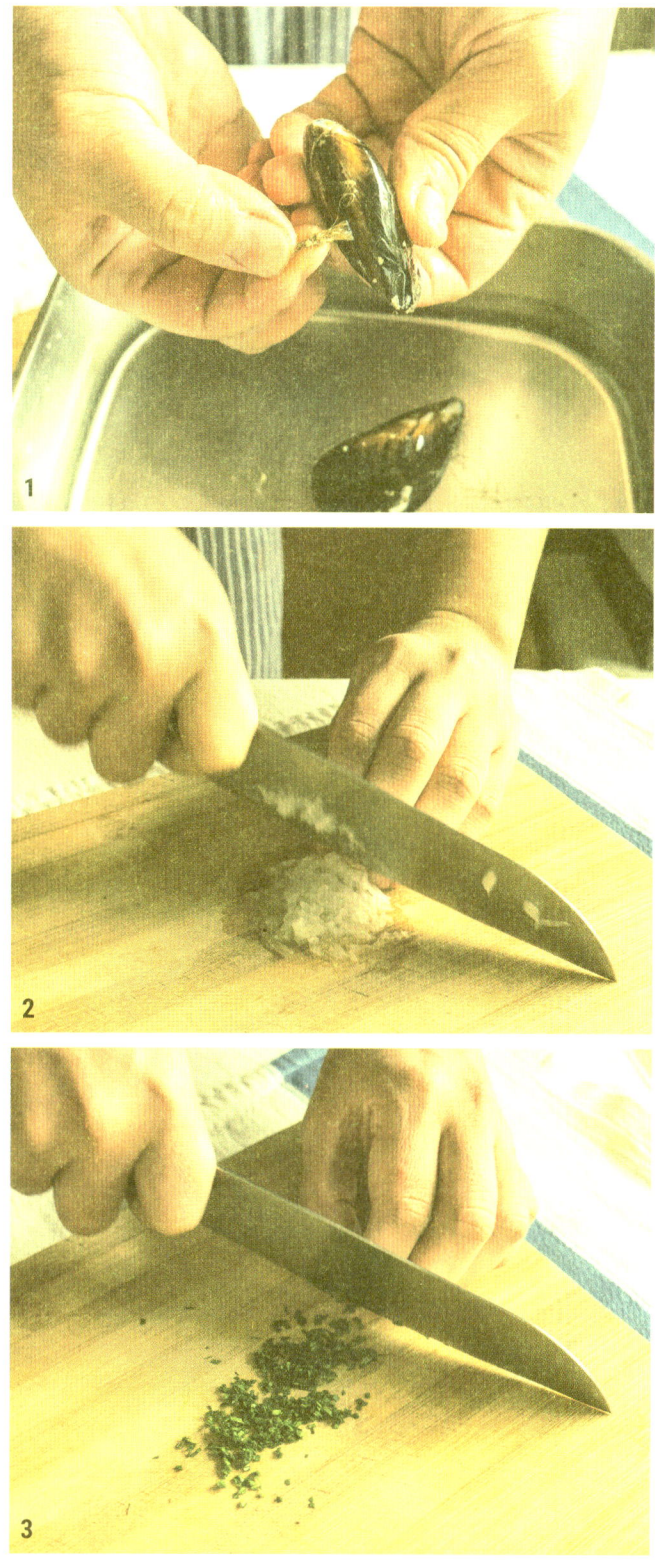

Recipe

1. 냄비에 올리브유 1큰술을 두르고 다진 양파가 반투명해질 때까지 중불에서 볶는다.
2. 익은 양파에 쌀과 페페론치노를 넣고 소금, 후추로 간한 뒤 쌀이 뜨거워질 때까지 볶는다.
3. 쌀이 뜨거워지면 육수와 토마토 퓨레를 넣는다. 육수는 조금씩 나누어 부어가며 쌀을 익힌다.
4. 요리가 마무리되기 3~4분 전에 홍합과 조개를 넣고 입을 벌릴 때까지 끓인다. 홍합과 조개에서 나오는 육수를 감안하여 추가하는 육수 양을 조절한다.

5 홍합과 조개가 입을 벌리면 건져낸 뒤 쌀을 마저 익힌다.

6 쌀이 다 익으면 불을 끄고 레몬제스트, 치즈, 올리브유, 바질을 넣고 30초간 휴지한 후 만테까레 한다.

7 완성된 리조또를 접시에 담고 미리 건져둔 홍합과 조개, 다진 파슬리를 올려 요리를 마무리한다.

7

김밀란의 요리 TMI

토마토 소스를 활용할 때는 버터나 치즈의 사용 여부에 따라 맛이 달라진다. 예를 들어 토마토의 산미를 최대한 살리고 싶다면 버터와 치즈를 아예 사용하지 않거나 사용량을 줄인다. 반대로 지방의 풍부한 맛을 끌어올리고 산미를 적절히 조절하고 싶다면 버터나 치즈를 추가함으로써 맛을 더할 수 있다. 그러니 자신이 목표하는 맛에 따라 선택해 사용하자.

이번 리조또에서는 토마토의 산미는 줄이되 홍합과의 조화를 위해 버터 대신 마스카르포네 치즈를 활용했다. 요리에 적당한 지방의 맛을 추가하기 위한 재료로는 올리브유를 사용했다.

Risotto allo scoglio

해산물 리조또 (스콜리오 리조또)

이 리조또의 이탈리아 이름인 스콜리오 scoglio는 암초, 절벽이란 뜻이다. 이는 요리에 해산물이 포함되었음을 의미하는데, 스콜리오 외에도 프루티 디 마레 frutti di mare (바다의 과일), 페스카토라 pescatora (어부) 등의 이름이 있다. 각 표현에는 세세한 차이가 있으나 모두 해산물을 사용했음을 알려준다.

스콜리오란 이름은 주로 껍질이 있고 단단한 갑각류나 패각류만을 사용한 요리에 붙는다. 이 재료들이 겹겹이 쌓여 있는 모습이 마치 암초나 바위 같아서이기도 하고, 홍합이나 조개가 절벽과 바위 근처에서 서식하기 때문이기도 하다.

해산물을 활용한 리조또에는 파르미지아노 레지아노 같은 발효 숙성한 치즈를 사용하지 않는 것이 불문율이다. 이 리조또 역시 마스카르포네 치즈만을 사용하는데 이는 치즈의 강한 맛이 해산물의 섬세한 맛과 향을 떨어뜨리기 때문이다.

Ingredients
1인분 기준

신동진 쌀 80g
채소 육수 350ml
허브버터 10g
새우 큰 것 1마리
홍합 4~5개
바지락 4~6개
마스카르포네 치즈 20g
화이트와인 20ml
레몬제스트 1/2개
레몬즙 5g
민트, 차이브 적당량
소금, 후추, 올리브유 적당량

카르나롤리 쌀 80g
채소 육수 300ml
허브버터 10g
버터 10g
새우 큰 것 1마리
홍합 4~5개
바지락 4~6개
마스카르포네 치즈 20g
화이트와인 20ml
레몬제스트 1/2개
레몬즙 5g
민트, 차이브 적당량
소금, 후추, 올리브유 적당량

> **Ready**

1. 바지락은 염도 3%(100mg당 3g)의 소금물에 넣고 해감한다. 홍합은 껍질을 문질러 닦고, 껍질에 달라붙은 해초 수염을 깨끗이 제거해 손질한다.
2. 새우는 머리와 꼬리를 남겨둔 상태에서 중간 부분의 껍질만 벗기고 내장을 제거한다. 내장은 새우 등 위에 길다랗게 위치해 있는데, 칼끝으로 등을 가르고 내장을 손으로 잡아 빼면 손쉽게 제거할 수 있다.
3. 민트와 차이브는 모두 잘게 잘라 준비하고 해감이 끝난 바지락과 손질이 끝난 홍합은 수돗물에 박박 문질러가며 2~3회 헹군다.

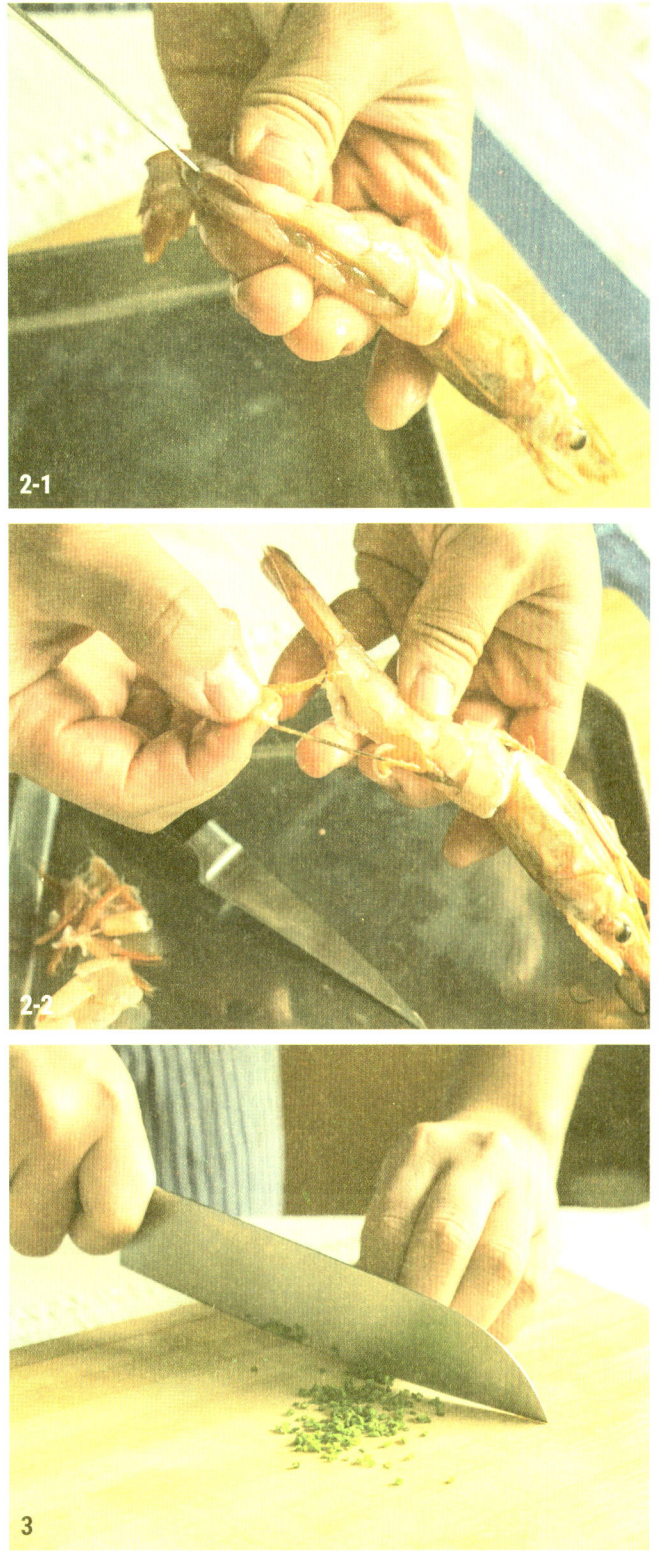

Recipe

1 아무것도 두르지 않은 냄비를 중불에 올리고 쌀을 넣는다. 소금, 후추로 간하고 천천히 볶는다.

2 쌀이 뜨거워지면 냄비에 화이트와인을 넣고 중불에서 잘 섞어가며 졸인다.

3 와인이 졸아들면 육수를 뜨겁게 데운 육수를 조금씩 나누어 넣어가며 쌀을 익힌다.

4 리조또가 마무리되기 2~3분 전에 손질한 바지락과 홍합을 넣고 입을 벌릴 때까지 끓인다.

Tip
조개가 익는 과정에서 육수의 양이 늘어나므로 리조또의 육수 양을 적절하게 조절한다.

5   리조또가 익는 동안 한 쪽에서 여분의 팬을 아주 뜨겁게 달군 뒤 올리브유를 두르고 소금 간을 한 새우를 앞뒤로 각각 30초씩 노릇하게 굽는다. 이후 불을 끄고 팬의 잔열로 굽기를 마무리한다.

6   리조또에 넣은 홍합과 바지락이 입을 벌리면 건져내고 쌀은 마저 익힌다.

7   쌀이 다 익으면 불을 끄고 버터와 치즈, 올리브유, 레몬제스트, 레몬 즙, 민트를 넣고 30초간 휴지한다. 이후 리조또를 만떼까레 한다.

8   접시에 리조또를 담고 미리 건져둔 홍합과 바지락, 다져놓은 차이브를 올려 리조또를 완성한다.

Orzotto ai cavolfiori e gamberi

새우 콜리플라워 오르조또

콜리플라워는 맛도 좋고 영양도 풍부하며 굉장히 부드러운 식감을 가진 재료다. 채식을 주제로 한 요리에 다양하게 활용되며 특유의 고소함과 크리미한 식감 덕분에 해산물과도 잘 어울린다. 이 레시피는 채식주의자들을 위한 메뉴로도 활용할 수 있다. 새우와 동물성 지방(버터)을 제외하면 비건 요리로서도 손색이 없다.

Ingredients
1인분 기준

- 보리쌀 80g
- 닭 육수 600ml
- 신 버터 10g
- 헤이즐넛 버터 10g
- 새우 큰 것 2마리
- 콜리플라워 100g
- 파르미지아노 레지아노 치즈 15g
- 화이트와인 20ml
- 우유 250ml
- 훈제 파프리카 가루 소량
- 소금 5g
- 후추, 올리브유 적당량

Ready

콜리플라워 퓨레 Cavolfiori puree

1 콜리플라워는 지저분한 겉껍질을 제거하고 줄기에서 송이를 분리한다.

2 분리한 콜리플라워 송이는 얇게 채 썬다.

3 냄비에 채 썬 콜리플라워와 우유, 소금을 넣은 뒤 중불에서 콜리플라워가 완전히 뭉그러질 때까지 익힌다.

Tip
우유는 가열 시 쉽게 끓어 넘치기 때문에 주의할 것. 바닥이 타지 않게 잘 저어준다.

4 콜리플라워가 완전히 익으면 믹서기로 곱게 갈아 퓨레를 완성한다. 이때 퓨레가 너무 빽빽하면 콜리플라워를 익혔던 우유를 넣어 농도를 조절한다.

> **김밀란의 요리 TMI**

콜리플라워는 단호박, 감자와 더불어 퓨레 형태로 가장 많이 소비되는 식재료다. 부드럽고 무른 식감 덕분인데 이 때문에 아무리 물을 적게 넣어도 퓨레의 농도가 다른 두 재료에 비해 묽게 완성된다. 따라서 콜리플라워 퓨레를 활용해 리조또나 오르조또를 만들 때는 수분의 양을 훨씬 적게 잡아야 원하는 농도의 요리를 완성할 수 있다.

4-1

4-2

Recipe

1. 새우는 머리와 꼬리를 떼어낸 다음 껍질과 내장을 제거한다.
2. 손질한 새우 몸통을 엄지 한 마디 크기로 잘라 준비한다.
3. 아무것도 두르지 않은 냄비를 중불에 올리고 보리쌀을 넣는다. 소금, 후추로 간하고 천천히 볶는다.
4. 보리쌀이 뜨거워지면 준비한 화이트와인을 넣고 졸인다.
5. 와인이 졸아들면 육수를 조금씩 나누어 넣어가며 보리쌀을 익힌다.

> **Tip**
> 보리는 쌀에 비해 더 오래 익혀야 한다. 조리 시간은 일반적으로 최소 25분을 기준으로 하며 이후 기호에 맞는 식감에 따라 조리 시간을 결정한다. 물에 불리기보단 리조또와 동일하게 마른 상태로 볶다가 육수를 추가해야 보리가 육수를 온전히 흡수해 더 깊은 맛을 낼 수 있다

6   보리쌀이 거의 다 익을 때쯤 한 쪽에서 여분의 팬을 아주 뜨겁게 달군 뒤 올리브유를 두르고 잘라놓은 새우를 올린다. 소금과 후추로 간하고 빠르게 볶는다.

7   보리쌀이 완전히 익으면 불을 끄고 버터, 치즈, 올리브유와 콜리플라워 퓨레 3큰술을 넣고 잘 섞어 만테까레 한다.

8   완성된 오르조또를 접시에 담고 훈제 파프리카 가루를 뿌린 뒤, 구운 새우를 올려 요리를 마무리한다.

8-1

8-2

Orzotto al sugo di moscardini

주꾸미 오르조또

라구는 고기를 베이스로 만든 소스다. 그 시작도 그러했고 지금까지 이어져 온 기초 개념 역시 그러하다. 하지만 모든 요리는 환경과 문화의 영향을 받기에, 현대에 이르러서는 더 이상 라구가 고기를 베이스로 한 소스만을 의미하지 않게 되었다. 해안가에 있는 도시에서는 꽤 이전부터 생선과 해산물을 이용해 해산물 라구를 만들었고 숲과 가까운 곳에서는 버섯과 콩을 이용한 라구도 만들었다.

토스카나의 레스토랑에서 일할 때 나는 참치를 이용해 라구를 만들곤 했다. 지금 소개하는 오르조또는 당시의 참치 라구를 변형해 만든 주꾸미 라구를 활용한 요리다. 해산물 라구로 만들었기 때문에 부족한 식감은 오르조또 형태로 변형해 보충했다.

Ingredients
1인분 기준

- 보리쌀 80g
- 비스크 육수 500ml
- 헤이즐넛 버터 15g
- 주꾸미 라구 50g
- 화이트와인 20ml
- 파슬리 5g
- 바질 5g
- 엑스트라버진 올리브유 15g
- 소금, 후추 적당량

Ready

주꾸미 라구
Sugo di moscardini

Ingredients
4인분 기준

- 주꾸미 500g
- 토마토 퓨레 300g
- 토마토 페이스트 30g
- 화이트와인 40ml
- 양파 100g
- 당근 80g
- 대파 1대
- 마늘 1개
- 세이지 10g
- 물 150ml
- 소금, 후추, 올리브유 적당량

1 가위를 이용해 주꾸미의 머리와 다리를 분리한다.

2 주꾸미의 머리를 뒤집어 내장을 제거한다.

3 다리를 뒤집어 주꾸미 입을 떼어낸다.

4 내장을 제거한 주꾸미 머리와 다리는 굵은소금으로 문질러 깨끗이 씻어낸 다음 검지 한 마디 크기로 자른다.

5 양파와 당근, 대파는 최대한 작고 가늘게 썰고 마늘은 통으로 으깬다.

6 냄비를 중불에 올리고 올리브유를 넉넉히 두른 다음 준비한 채소와 세이지를 넣고 볶는다. 모든 채소가 숨이 죽고 노릇해질 때까지 잘 저어준다.

7 볶은 채소가 담긴 냄비에 잘라놓은 주꾸미를 넣고 소금, 후추로 간한 뒤 주꾸미 색이 붉어질 때까지 볶는다.

8 잘 볶은 재료에 토마토 페이스트를 넣고 약불로 줄인 뒤 1분간 볶아 토마토 페이스트 특유의 떫은맛을 날린다.

9 냄비에 준비한 화이트와인을 넣고 바닥에 눌어붙은 것을 긁어내듯 데글레이징하며 와인을 졸인다.

10 와인이 모두 졸아들면 토마토 퓨레를 넣는다. 페페론치노와 물을 추가한 뒤 중불에서 1시간 30분가량 잘 저어가며 끓인다.

11 라구가 모두 끓으면 세이지를 건져내고 푸드 프로세서로 간다. 여기에 소금, 후추 간을 더해 요리를 완성한다.

김볼렌의 요리 TMI

혹시 라구Ragu, 수고Sugo, 살사Salsa라는 단어를 들어본 적 있는가? 이 세 단어는 모두 '소스'를 칭하는 이탈리아어다. 그렇다면 도대체 이 단어의 차이는 무엇이고, 언제 어떤 단어를 사용해야 할까?

라구는 '식욕을 일깨우다'라는 뜻의 프랑스어 ragoûter에서 파생된 단어 ragoût에서 기원했다. 이런 이유로 파시스트 정권 당시 이 단어를 이탈리어인 ragutto로 변형하려는 정치적 시도가 있었고, 이후 제2차 세계대전이 끝난 뒤 현재의 ragu로 정착했다.

라구는 기본적으로 양파, 당근, 샐러리를 기름에 오랫동안 볶아서 만든 소프리토soffritto에 고기를 넣고 장시간 일정한 온도로 뭉근하게 끓여낸 소스를 지칭한다. 오늘날에는 생선이나 해산물 혹은 버섯과 콩을 이용한 라구도 있다.

수고와 살사는 엄밀히 말하면 차이가 있지만 실제로는 지역에 따라 각기 다른 개념으로 사용되며, 그 차이가 워낙 미미해 대체로 같은 의미로 혼용된다. 물론 면밀히 따져보면 수고는 라구처럼 고기나 채소가 포함된 소스를 지칭하고, 살사는 베이스가 되는 소스류, 주로 토마토소스를 지칭한다는 차이가 있다. 하지만 앞서 말했듯 어느 지역에서는 이 둘을 혼용하고, 어느 지역에서는 토마토소스salsa를 수고sugo di pomodo라고 불러 사실상 차이가 없다고 할 수 있다.

> **Recipe**

1 아무것도 두르지 않은 냄비를 중불에 올리고 보리쌀을 넣는다. 소금, 후추로 간하고 천천히 볶는다.

2 보리쌀이 따뜻해지면 냄비에 화이트와인을 넣고 중불에서 잘 섞어가며 졸인다.

3 준비해 둔 비스크 육수를 조금씩 나누어 넣어가며 보리쌀을 익힌다.

4 보리쌀이 익는 동안 절반의 바질과 떼어낸 파슬리 잎을 잘게 다진다. 케이퍼는 한 번만 굵직하게 자른다.

5   보리쌀이 다 익으면 불을 끄고 냄비에 버터, 다진 파슬리와 바질, 케이퍼, 그리고 올리브유와 주꾸미 라구를 넣고 30초간 휴지한다.

6   휴지를 끝낸 냄비 속 모든 재료를 잘 섞어가며 만테까레 한다.

7   완성된 오르조또를 접시에 담고 다진 파슬리와 자르지 않고 남겨둔 바질 잎을 얹어 요리를 마무리한다.

Risotto al salmone affumicato

훈제 연어 허브 리조또

훈제 연어는 전 세계 어디서든 쉽게 찾아볼 수 있는 식재료다. 브런치가 유행하면서, 또 훈제 연어의 생산과 수출이 더욱 활발해지면서 본격적으로 대중화되기 시작했는데, 이는 이탈리아에서도 마찬가지다. 덕분에 다양한 이탈리아 요리에서 활용되고 있다. 그중 대표적인 것이 크림소스를 베이스로 완두콩과 훈제 연어를 이용해서 만든 파스타다.

이번 리조또는 파스타의 조리법에 약간의 변주를 주어 리조또로 즐길 수 있도록 했다. 비린 맛은 줄이고 담백한 연어의 맛을 살리면서 짜거나 느끼하지 않도록 재료 선정에 심혈을 기울였으니 망설이지 말고 시도해 보자.

Ingredients
1인분 기준

신동진 쌀 80g	카르나롤리 쌀 80g
채소 육수 400ml	채소 육수 350ml
허브버터 10g	허브버터 10g
헤이즐넛 버터 10g	헤이즐넛 버터 15g
훈제 연어 40g	훈제 연어 40g
마스카르포네 치즈 20g	마스카르포네 치즈 25g
화이트와인 20ml	화이트와인 20ml
레몬제스트 1/2개	레몬제스트 1/2개
레몬즙 10g	레몬즙 10g
딜 5g	딜 5g
소금, 후추, 올리브유 적당량	소금, 후추, 올리브유 적당량

Recipe

1. 아무것도 두르지 않은 냄비를 중불에 올리고 쌀을 넣는다. 소금, 후추로 간하고 천천히 볶는다.
2. 쌀이 뜨거워지면 화이트와인을 넣고 중불에서 잘 섞어가며 졸인다.
3. 와인이 졸아들면 뜨겁게 데운 육수를 조금씩 나누어 넣어가며 쌀을 익힌다.
4. 쌀이 다 익으면 불을 끄고 치즈, 버터, 다진 딜, 올리브유, 레몬제스트, 레몬즙을 넣고 30초간 휴지한다.
5. 휴지가 끝난 리조또를 잘 섞어 만테까레 한다.

6   냄비를 불 위에서 완전히 내려놓은 뒤 냄비에 길게 잘라놓은 훈제연어 절반을 넣고 리조또와 잘 섞는다.

7   접시에 리조또를 옮겨 담고 남겨둔 연어를 올린다. 장식용 딜을 얹어 요리를 완성한다.

김밀란의 요리 TMI

모든 식재료는 당연하게도 품질에 따라 맛의 차이가 생길 수밖에 없다. 특히
육가공품이나 해물가공품에서 이 차이는 더욱 두드러진다. 이는 원재료의 품질이
완성품에 끼치는 영향이 매우 크기 때문이다.
훈제 연어 역시 품질이 좋은 것은 비린 맛이 거의 없고 매우 담백하지만, 저렴한 제품은
비린 맛이 느껴질 수 있다. 특히 훈제 연어는 가열할수록 비린 맛이 강해지는데 염지와
훈연 과정을 거쳤다 하더라도 신선한 생선은 아니기 때문이다. 자반 고등어나 말린
조기를 구울 때 냄새가 더 심한 것과 같다.
따라서 훈제 연어는 리조또 조리 가장 마지막 단계에 넣어 최대한 열을 가하지 않는다.
또한 연어의 비릿한 맛과 향을 가려줄 수 있도록 허브와 시트러스 과일 등을 이용해
산뜻한 맛을 추가해 주는 것도 방법이다.

Orzotto alle cozze e patate

홍합 감자 오르조또

이탈리아 남부 풀리아 지역에 있는 바리^{Bari}의 전통 요리로 리조 코체 에 파타테$^{riso\ cozze\ e\ patate}$라는 것이 있다. 이 요리는 티엘라*의 형태를 띤 쌀 요리다. 티엘라란 밀가루 반죽의 속을 채워 도자기 그릇에 담고 오븐에서 구워낸 요리를 뜻한다. 밀가루 반죽을 사용하기도 하지만 쌀 혹은 파스타로도 만들 수도 있다.

쌀과 홍합, 감자를 이용한 이 요리는 원래는 리조또와 완전히 다른 형태의 요리이지만, 이번 레시피에서는 오르조또로 변형해 소개한다.

* 티엘라

Ingredients
1인분 기준

- 보리쌀 80g
- 채소 육수 550ml (오르조또용)
- 채소 육수 300ml (감자 퓨레용)
- 홍합 6~7개
- 감자 180g
- 선드라이 토마토 4,5조각
- 페코리노 로마노 15g
- 화이트와인 20ml
- 레몬제스트 1/2개
- 민트 4~5잎

Ready

감자퓨레 Patate puree

1 감자의 껍질을 벗긴 후 새끼손톱 크기의 정사각형 모양으로 잘라 오르조또용으로 따로 빼둔다.

> Tip 1

모든 감자는 물에 담아 색이 변하는 것을 막는다.

> Tip 2

감자 싹에는 독성이 있기 때문에 완전히 제거해야 한다.

2 자르고 남은 자투리 감자를 모두 작고 얇게 썬다.

3   올리브유를 두른 냄비를 중불에 올리고 얇게 채 썬 자투리 감자를 넣는다. 소금, 후추로 간을 한 뒤 약 1~2분 정도 볶는다.

4   볶은 감자에 퓨레를 위해 준비한 채소 육수 300ml를 넣은 다음 뚜껑을 덮고 감자를 완전히 익힌다.

5   감자가 모두 익으면 믹서기에 곱게 갈아 퓨레를 완성한다.

Ready

<u>1</u>　선드라이 토마토는 약 2cm 크기로 잘라 준비한다.

<u>2</u>　민트는 줄기에서 잎을 떼어낸 뒤 겹치고 돌돌 만 상태에서 가늘게 채 썬다.

<u>3</u>　홍합은 껍질을 문질러 닦고, 껍질에 달라붙은 해초 수염을 깨끗이 제거해 손질한다.

Recipe

1. 아무것도 두르지 않은 냄비를 중불에 올리고 보리쌀을 넣는다. 소금, 후추로 간하고 천천히 볶는다.
2. 보리쌀이 따뜻해지면 화이트와인을 넣고 중불에서 잘 섞어가며 졸인다.
3. 와인이 졸아들면 리조또용으로 준비한 채소 육수 550ml와 감자 퓨레를 넣는다. 육수는 조금씩 나누어 넣으며 보리쌀을 익힌다.
4. 육수를 추가한 냄비에 감자 퓨레를 넣는다.

> **Tip**
> 오르조또는 보리의 특성 때문에 리조또에 비해 찰기가 부족하다. 이를 보충하기 위해 감자를 퓨레 형태로 추가함으로써 요리의 모티브가 되었던 리조 코체 에 파타테를 오르조또에 맞게 변형시켰다.

5   보리쌀이 절반쯤 익으면 깍둑썰기 해놓은 감자를 넣어 함께 익힌다.

6   요리가 마무리되기 3~4분 전에 홍합을 넣는다.

7   홍합이 입을 벌리면 건져낸다.

8   보리쌀이 완전히 익으면 불을 끈 뒤 민트, 레몬제스트, 치즈, 올리브유를 넣고 만테까레 한다.

9   완성된 오르조또를 접시에 담고 미리 건져둔 홍합과 잘라서 준비한 선드라이 토마토를 얹어 요리를 마무리한다.

Orzotto al pomodoro e gamberi

새우 토마토 오르조또

사실 새우와 토마토는 이탈리아 요리에서 가장 고전적인 조합이다. 일종의 스테디셀러라고나 할까? 그만큼 무난하기에 실패할 확률도 적다. 하지만 특색 있는 맛을 주기도 어려운 것이 사실이다.

따라서 새우와 토마토를 메인 재료로 활용한 이번 레시피에서는 토마토 특유의 가볍고 상큼한 맛을 극대화하는 데 중점을 두었다. 이번 오르조또는 비스크 육수를 기본으로 하지만, 갑각류의 진한 맛보다는 토마토의 가볍고 상큼한 맛에 중점을 두었으며 지나친 산미를 잡고 복합적인 감칠맛을 내기 위한 다양한 재료를 활용하였다.

Ingredients
1인분 기준

- **보리쌀 80g**
- 비스크 육수 450ml
- 헤이즐넛 버터 15g
- 새우 큰 것 2마리
- 토마토 퓨레 60g
- 화이트와인 20ml
- 엔초비 필렛 1개
- 올리브 3~4조각
- 페페론치노 1개
- 레몬제스트 1개
- 바질 적당량
- 파슬리 적당량
- 소금, 후추, 올리브유 적당량

Ready

1. 새우는 머리를 떼어내고 껍질을 벗긴 뒤 내장을 제거한다. 손질한 새우를 엄지 한 마디 크기로 잘라 준비한다. 새우 머리와 껍질은 손으로 가볍게 으깬 후 비스크 육수에 넣어 약불로 천천히 우려낸다.

   Tip
   새우 껍질과 머리는 버리지 말고 항상 활용한다. 비스크 육수가 준비되어 있더라도 새우 머리와 껍질이 남았다면 육수에 넣고 한 번 더 우려내자. 육수의 맛을 한층 더 깊게 만들어줄 것이다. 만약 준비한 육수의 양이 부족하다면 물을 조금 더 추가해도 좋다.

2. 올리브는 길게 반으로 자른다.

3. 파슬리와 바질은 잎만 떼어낸 뒤 파슬리는 잘게 다지고 바질은 가늘게 채 썬다.

1-1

1-2

Recipe

1. 아무것도 두르지 않은 냄비에 보리쌀을 넣고 소금, 후추로 간한 뒤 볶는다.
2. 보리쌀이 뜨거워지면 화이트와인을 넣고 잘 섞어가며 졸인다.
3. 와인이 졸아들면 비스크 육수를 조금씩 나누어 넣으며 보리쌀을 익히다가 토마토 퓨레를 추가한다.
4. 보리쌀이 거의 다 익을 때쯤 여분의 팬을 아주 뜨겁게 달군 뒤 올리브유를 두르고 잘라놓은 새우를 올린다. 소금과 후추로 간을 하며 가볍게 볶는다.

1

5 보리쌀이 다 익으면 불을 끄고 바질과 파슬리, 엔초비와 버터, 올리브유를 넣는다. 30초간 휴지한 뒤 오르조또를 만테까레 한다.

6 완성된 오르조또를 접시에 담고 구운 새우와 레몬제스트, 잘라놓은 올리브와 바질 잎, 다진 파슬리를 올려 요리를 마무리한다.

Risotto al nero di seppia e calamari

먹물 리조또

먹물은 우리가 오징어, 갑오징어, 한치와 같은 두족류를 먹기 시작하면서부터 사용했으리라 추측한다. 특유의 부드럽고 고소한 맛은 물론 영양분도 풍부해 착색의 단점에도 불구하고 오래전부터 꾸준하게 사용되었다. 먹물은 대부분의 두족류에서 발견되지만 시판되는 먹물은 주로 갑오징어에서 채취한 것이다.

먹물을 이용한 리조또나 파스타는 주로 이탈리아의 해안가에 인접한 도시에 많으며 이는 어업과 밀접한 생활방식에서 자연스럽게 탄생한 요리라 보는 것이 옳다.

Ingredients
1인분 기준

신동진 쌀 80g
비스크 육수 400ml
한치 혹은 오징어 1마리
먹물 5g
토마토 페이스트 20g
마스카포네 치즈 30g
화이트와인 20ml
세이지 2장
페페론치노, 올리브유, 소금, 후추 적당량

카르나롤리 쌀 80g
비스크 육수 350ml
한치 혹은 오징어 1마리
먹물 5g
토마토 페이스트 20g
마스카포네 치즈 40g
화이트와인 20ml
세이지 2장
페페론치노, 올리브유, 소금, 후추 적당량

Ready

1 한치는 몸통과 다리를 분리한다.

   Tip
   다리를 잡고 가볍게 돌리면서 잡아 뜯으면 내장까지 쉽게 제거할 수 있다.

2 한치 양쪽 귀를 잡고 몸통에서 떼어낸 후 몸통과 귀의 껍질을 깨끗하게 제거한다.

3 몸통 안에 있는 투명한 뼈와 남아 있는 내장을 모두 제거한다.

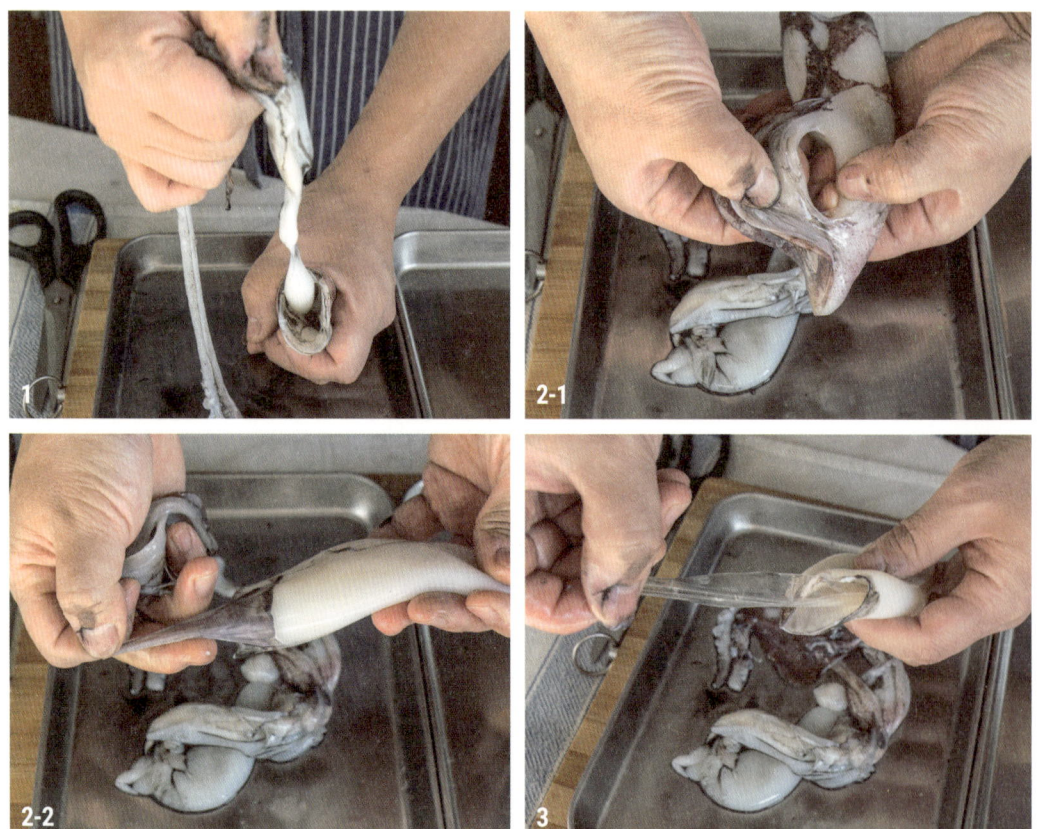

4 가위를 이용해 다리에 붙어 있는 눈알 아랫 부분을 잘라 다리만 남긴다.

5 손질이 끝난 귀와 몸통, 다리는 흐르는 물에 깨끗이 헹군 뒤 키친타올로 물기를 잘 닦아준다.

6 다리와 귀는 잘게 자르고 몸통은 원통 모양을 그대로 살려 자른다.

7 마늘은 으깨고 세이지는 잘게 채 썬다.

> **Recipe**

1 냄비를 센 불에서 뜨겁게 달군 뒤 올리브유와 으깬 마늘, 잘게 자른 한치 다리와 귀를 넣고 잘 볶는다.

2 냄비 내용물의 수분이 완전히 날아가고 냄비 바닥에 눌어붙기 시작하면 약불로 줄인 뒤 마늘을 건져낸다.

3 한치를 볶은 냄비에 토마토 페이스트를 넣고 냄비의 잔열을 이용해 약 30초 정도 섞는다.

4 페이스트가 섞이면 곧바로 쌀을 넣는다. 냄비에 열이 남아 있는 상태라 쌀이 금방 뜨거워지므로 잘 섞어준다.

5 쌀이 모두 섞이면 화이트와인을 넣고 냄비 바닥에 눌어붙은 것을 긁어내며 졸인다.

6   페페론치노와 먹물을 넣고 잘 섞은 다음 육수를 조금씩 나누어 넣어가며 쌀을 익힌다.

7   쌀이 거의 다 익을 때쯤 여분의 팬을 아주 뜨겁게 달군 뒤 올리브유를 두르고 잘라놓은 한치 몸통을 올린다. 소금과 후추로 간을 하며 30초간 볶는다.

8   쌀이 다 익으면 불을 끄고 소금, 후추로 간을 한 뒤 치즈, 올리브유, 채 썬 세이지를 넣고 레몬제스트를 뿌린다. 모든 재료를 잘 섞어 만테까레 한다.

9   완성된 리조또를 접시에 담고 구운 한치 몸통을 올려 요리를 완성한다.

6-1

6-2

> **김밀란의 요리 TMI**

한치나 오징어의 맛을 최대한 끌어내기 위해서는 각 부위에 맞는 조리법을 선택하는 것이 매우 중요하다. 한치나 갑오징어, 오징어 모두 다리가 몸통에 비해 질기기 때문에 오랫동안 익히는 것이 좋지만, 몸통은 상대적으로 부드러워서 짧게 조리하는 것이 더 좋다. 두 부위 모두 수분을 많이 포함하고 있기 때문에 조리 과정에서 수분을 최대한 제거하는 것이 중요하다.

이번 레시피에서도 다리와 나머지 한치의 자투리 부분은 냄비에 눌어붙기 시작할 때까지 오랜 시간 볶아 수분을 완전히 날려 고소한 맛을 최대로 끌어올렸으며 몸통은 30초 정도 매우 짧게 볶아 부드러운 식감을 살렸다.

Risotto alla certosina

체르토사 리조또

체르토사 리조또는 롬바르디아 지역의 파비아 인근에 있는 체르토사 디 파비아^{Certosa di Pavia}의 수도사들에 의해 만들어진 것으로, 원래는 명절에 먹던 요리였다. 수도원에서 먹던 것이 인근 여관 등으로 전파되며 그 조리법이 유지되었다. 원래 정통 레시피에는 민물 가재와 개구리 그리고 버섯, 완두콩 등의 채소가 들어가며, 고기 사용을 철저히 제한하거나 버터를 사용하지 않는 레시피도 있다. 지금 소개하는 조리법은 원래의 고전적인 리조또를 조금 더 단순화하고 현대에 맞게 개량한 것이다.

Ingredients
1인분 기준

신동진 쌀 80g
채소 육수 450ml
허브 버터 10g
헤이즐넛 버터 10g
새우 큰 것 3마리
당근 10g
주키니 10g
양파 10g
완두콩 20g
마스카르포네 치즈 20g
화이트와인 20ml
식초 5g
소금, 후추, 올리브유 적당량

카르나롤리 쌀 80g
채소 육수 400ml
허브 버터 10g
헤이즐넛 버터 15g
버터 5g
새우 큰 것 3마리
당근 10g
주키니 10g
양파 10g
완두콩 20g
마스카르포네 치즈 30g
화이트와인 20ml
식초 5g
소금, 후추, 올리브유 적당량

Ready

1. 새우는 머리와 꼬리를 떼어내고 껍질을 벗겨낸다.
2. 껍질을 벗긴 새우의 내장을 깨끗이 제거한다.
3. 손질을 마친 새우는 껍질과 새우살을 분리해 준비한다.
4. 양파, 주키니, 당근은 작은 크기로 깍둑썰기 한다. 최소한 쌀알 크기와 비슷하거나 더 작은 크기로 자른다.

Recipe

1   냄비에 올리브유를 두르고 센 불에서 뜨겁게 달군 뒤 새우 껍질과 머리를 넣고 골고루 가볍게 굽는다. 새우를 볶을 때 절대 새우 머리를 짓누르지 않도록 주의한다.

> **Tip**
> 이 레시피에서는 비스크 육수를 사용하지 않는 대신 새우 머리와 껍질을 구워 감칠맛을 낸다. 특히 새우를 가볍게 구워 비린내를 없애고 육수를 맑게 유지하는 것이 중요하기 때문에 절대 짓누르거나 지나치게 오래 굽지 않도록 주의한다.

2   새우 머리의 양면이 골고루 익으면 약불로 줄이고 화이트와인과 육수를 넣고 중불에서 약 20분간 끓인다.

3   또 다른 냄비를 중불에 올리고 올리브유와 다진 채소를 넣고 볶는다.

4   채소가 어느 정도 익으면 쌀을 넣고 소금, 후추로 간을 한 다음 볶는다.

5 쌀이 뜨거워지면 육수를 조금씩 나누어 넣어가며 쌀을 익힌다.

6 쌀이 거의 다 익을 때쯤 여분의 팬을 아주 뜨겁게 달군 뒤 올리브유를 두르고 손질해 놓은 새우를 올린다. 소금 간을 한 뒤 앞뒤로 약 30초간 구운 후 불을 끄고 팬의 잔열로 새우를 익힌다.

7 냄비의 쌀이 다 익으면 불을 끄고 버터와 마스카르포네 치즈, 식초, 엑스트라 버진 올리브유, 완두콩을 넣고 잘 섞은 뒤 30초간 휴지한다.

(Tip)
이 요리는 파르미지아노 레지아노 치즈를 사용하지 않기 때문에 소금 간에 더욱 신경 써야 요리가 느끼해지지 않는다. 또한 식초로 산미를 추가함으로써 더 산뜻한 맛을 낼 수 있다.

8 리조또를 만테까레 한 뒤 접시에 담고 구운 새우를 얹어 요리를 마무리한다.

Risotto con crema di porri e baccala mantecato

바칼라 만테카토를 곁들인 대파 크림 리조또

바칼라(염장 대구)는 지중해 지역에서 대구 수확량의 대부분을 소비하는 방식으로, 포르투갈이나 이탈리아 등과 같은 지중해 문화권 국가에서 정말 많이 사랑받는 식재료다. 바칼라는 대구를 염장 처리한 것으로 단순 염장 처리한 것과 염장 후 건조 처리까지 한 것, 두 종류로 나뉜다. 건조 처리까지 한 것이 더 진한 맛과 향을 지니지만 식감이 부드럽지는 않다는 특징이 있다. 이번 리조또는 바칼라 만테카토와 잘 어울리는 대파를 이용해 완성했다.

Ingredients
1인분 기준

신동진 쌀 80g
- 대구 퓨레 00큰술
- 채소 육수 400ml
- 헤이즐넛 버터 10g
- 신버터 10g
- 버터 20g
- 파르미지아노 레지아노 15g
- 화이트와인 20ml
- 대파 100g
- 우유 100ml
- 소금, 후추, 올리브유 적당량

카르나롤리 쌀 80g
- 대구 퓨레 00큰술
- 채소 육수 350ml
- 헤이즐넛 버터 15g
- 신 버터 10g
- 버터 20g
- 파르미지아노 레지아노 치즈 20g
- 화이트와인 20ml
- 대파 100g
- 우유 100ml
- 소금, 후추, 올리브유 적당량

Ready

바칼라 만테카토 Baccala mantecato

Ingredients
4인분 기준

- 염장대구 100g
- 우유 100ml
- 식용유 150g
- 올리브유 100g
- 후추 넉넉히

*염장 대구는 인터넷에서 손쉽게 구입할 수 있다. 염장 건조 대구와 단순 염장 대구 모두 조리법에 차이는 없다.

1   대구는 하루 전날 차가운 물에 담가 소금기를 빼고 물에 불린다. 물은 2시간에 한 번씩 최소 2회 이상 갈아주어야 한다.

2   불린 대구의 가시를 제거한다.

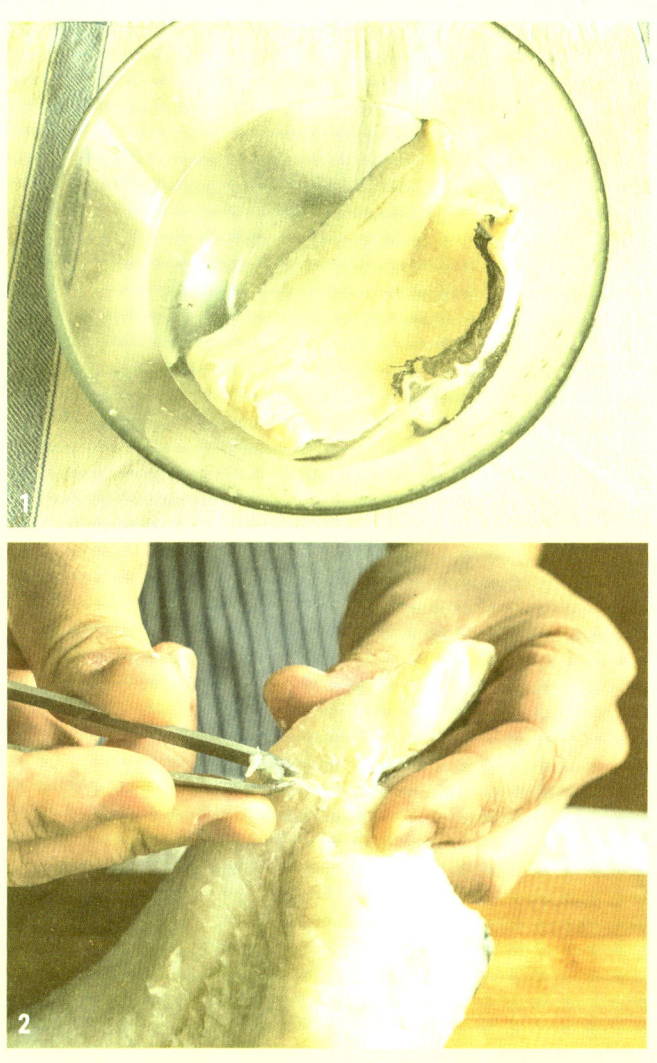

3 가시를 제거한 대구는 작은 크기로 잘라 준비한다.

4 냄비에 우유와 물을 1:1 비율로 섞어 준비한다.

5 우유가 담긴 냄비에 으깬 마늘 1쪽과 타임, 준비해 둔 대구를 넣는다.

6 대구가 담긴 냄비를 중불에 올려 끓인다. 우유가 끓어오르면 약불로 줄인 뒤 최소 10분 이상 푹 익힌다.

   (Tip)
   우유와 물이 섞여 있기 때문에 끓어 넘치지 않도록 유의한다. 조리 시간이 길기 때문에 물이 너무 많이 졸아들면 물을 보충해 충분히 끓일 수 있도록 하자.

7 대구가 완전히 익으면 건져낸 뒤 껍질을 벗긴다.

8　식은 대구살을 손으로 부수고 그릇에 담는다.

9　으깬 대구살에 우유 100ml를 넣고 핸드 믹서로 곱게 간다. 이때 식용유를 조금씩 넣어가며 잘 섞어준다.

10　준비한 식용유를 모두 넣었다면 올리브유를 추가해가며 간다.

11　내용물이 하나의 빽빽한 무스처럼 잘 섞였다면 굵게 간 후추를 넉넉하게 넣은 다음 잘 섞어 완성한다.

> 김밀란의 요리 TMI

바칼라 만테카토는 대구살을 재료로 하는 일종의 마요네즈라고 생각하면 조리 과정을 이해하기 쉽다. 푹 익은 대구살은 쉽게 부서지기 때문에 보통 반죽기를 이용하여 작업하지만 편의성을 위해 믹서기로 작업하기도 한다.

대구살과 기름의 비율이 잘 맞으면 기름층이 분리되지 않고 하나의 되직한 생선 무스처럼 완성된다. 하지만 기름의 양이 지나치게 많으면 완성 후에도 곱게 갈린 생선 살 사이로 분리된 기름 입자가 보일 수도 있다. 이때는 우유를 조금씩 섞어 비율을 맞춰주면 매끈하게 잘 만테까레 된 대구 퓨레를 완성할 수 있다.

굵은 후추와 질 좋은 엑스트라버진 올리브유는 특유의 향과 요리에 알싸함을 더해 느끼할 수 있는 바칼라 만테카토의 맛을 잡아주어 고소하고 진한 부드러운 감칠맛을 극대화할 수 있다.

Ready

1. 대파는 깨끗하게 손질한 후 최대한 잘게 썬다.

   Tip
   대파의 녹색 부분 중 아래 1/3 정도는 향이 지나치게 강하기 때문에 사용하지 않는다.

2. 냄비에 버터를 녹인 후 잘라놓은 대파를 넣는다. 소금으로 간을 한 뒤 중불에서 천천히 삶듯이 볶는다. 타지 않도록 주의하면서 대파의 숨이 완전히 죽고 매운 향이 날아갈 때까지 최소 3~4분 이상 볶는다.

3. 대파가 어느 정도 익으면 우유를 넣는다.

4 천천히 졸이면서 대파가 완전히 뭉그러질 때까지 끓인다.

> Tip
>
> 대파는 반드시 완전히 익혀야 한다. 대파의 매운 향은 제대로 익히지 않으면 아무리 오래 끓인다 한들 그대로 남아 완성한 요리에서 불쾌한 매운 냄새가 날 수 있기 때문이다. 따라서 대파의 매운 향이 날아가도록 약불에서 최소한 3~4분 이상 잘 저어가면서 충분히 볶는다.

5 대파가 다 익으면 믹서기로 곱게 갈아준 다음 체로 걸러 대파 크림을 완성한다.

> Tip
>
> 대파가 모두 익으면 반드시 체로 걸러야 하는데 이는 대파에 섬유질이 많기 때문이다. 대파를 아무리 푹 익히고 믹서기로 갈아도 체로 거르지 않으면 특유의 끈적끈적한 질감과 섬유질이 그대로 남아 있다.

Recipe

1. 아무것도 두르지 않은 냄비를 중불에 올리고 쌀을 넣는다. 소금, 후추로 간한 뒤 천천히 볶는다.
2. 쌀이 뜨거워지면 화이트와인을 넣고 쌀을 익힌다.
3. 와인이 졸아들면 육수를 조금씩 나누어 넣어가며 쌀을 익힌다.
4. 쌀이 다 익으면 불을 끄고 버터, 치즈, 올리브유를 넣고 30초간 휴지한 뒤 만테까레 한다.
5. 완성된 리조또를 접시에 담고 그 위에 따뜻하게 데운 대파 크림을 골고루 뿌린다. 바칼라 만테카토를 올려 완성한다.

마치며

  길고 길었던 리조또 책을 마무리하면서 가장 먼저 드는 생각은, 과연 사람들이 '리조또'라는 요리에 대해 얼마나 큰 관심을 가질까 하는 걱정이었다. 이 의문은 모든 원고 작성과 촬영을 끝낸 지금까지도 내 머릿속에 그대로 남아있다.

  리조또 한국 사람들에게 대중적이지 않은 이탈리아 요리임이 분명하다. 많은 이탈리안 레스토랑에서 어렵지 않게 찾아볼 수 있지만, 여전히 파스타에 비해 마이너한 요리임에는 틀림없다.

  그럼에도 불구하고 내가 리조또를 주제로 선택한 데에 후회는 없다. 항상 리조또에 대해 한 번쯤은 정확하게 짚고 넘어가야 한다고 생각하고 있었기 때문이다. 이탈리아식 볶음밥이라 생각하며 쉽게 넘어갈 수 있는 리조또에 대해 심도 있게 고찰하고 그 길고 긴 역사를 살피며 올바른 조리법을 나만의 경험을 바탕으로 풀어내는 작업이 이탈리아 현지에서 활동하고 있는 나의 의무라고 생각하고 있었는지도 모른다.

  물론 이 책은 논문이나 전문 지식서 만큼의 전문성을 갖고 있지 않다. 그럼에도 한 가지 분명한 사실은 서점에 놓여 있는 수백

수천 권의 레시피북과 동일한 책이라고는 생각하지 않는다는 점이다. 리조또에 대한 애정을 품은 누군가가 사명감으로 만들어낸 하나의 소개서라고 하는 편이 더 적절하다고 생각한다.

책이 출간된 이후 이를 계기로 리조또라는 이탈리아 요리에 관심을 갖는 사람이 생긴다면 그것으로 이 책의 역할은 충분하다고 생각한다.

마지막으로, 언젠가는 우리 한식도 전통과 발전이라는 상충하는 두 개의 가치 사이에서 무게 중심을 잘 잡으며 크게 성장하기를 바라며 이 책을 마무리한다.

참고문헌

- 전남대학교 식품영양학과 생활과학연구소, "아밀로오스 함량이 다른 쌀 전분의 분자 및 결정 구조와 이화학적 특성", 한국식품과학회지 Vol.46, no.6 (2014): 682~688

- 경북대학교 식품영양학과 & 경일대학교 식품과학부, "시판 브랜드 쌀 33종의 품종별 식미 관련 특성 비교", 한국식품과학회지 Vo.57 no.3 (2012): 301~309

- ViaggiatoreGourmet, "Riso Acquerello@Tenuta Colombara-Livorno Ferraris(VC)-Patron Famiglia Rondolino", 2013.7.13., https://www.altissimoceto.it/2013/06/13/riso-acquerello-tenuta-colombara-livorno-ferraris-vc-patron-famiglia-rondolino/

- 박성환밥소믈리에, "좋은쌀, 나쁜쌀, 이상한쌀", 소믈리에타임즈, 2016년 11월 8일.

- Salarelli, Alberto. *Risotto: storia di un piatto italiano* (Sometti, 2010)

이탈리아에서 요리하는 셰프의
정통 리조또 바이블
김밀란 리조또

초판 1쇄 발행 2023년 2월 17일
초판 2쇄 발행 2025년 12월 8일

지은이 김밀란
펴낸이 김선식

부사장 김은영
책임편집 이한결 **책임마케터** 오서영
콘텐츠사업7팀 마가림, 권예경, 이한결, 남슬기
마케팅2팀 오서영 **홍보2팀** 정세림, 고나연
브랜드사업본부 정명찬
브랜드홍보팀 오수미, 서가을, 박장미, 박주현 **영상홍보팀** 이수인, 염아라, 이지연, 노경은
저작권팀 성민경, 이슬, 윤제희 **편집관리팀** 조세현, 김호주, 백설희
재무관리팀 하미선, 임혜정, 이슬기, 김주영, 오지수
인사총무팀 강미숙, 김혜진, 이정환, 황종원
제작관리팀 이소현, 김소영, 김진경, 유미애, 이지우, 황인우
물류관리팀 김형기, 김선진, 주정훈, 양문현, 채원석, 박재연, 이준희, 문명식
외부스태프 디자인 정윤경 사진 안동진

펴낸곳 다산북스 **출판등록** 2005년 12월 23일 제313-2005-00277호
주소 경기도 파주시 회동길 490 다산북스 파주사옥
전화 02-704-1724 **팩스** 02-703-2219 **이메일** dasanbook@dasanbooks.com
홈페이지 www.dasanbooks.com **블로그** blog.naver.com/dasan_books
종이 스마일몬스터 **인쇄** 민언프린텍 **코팅 및 후가공** 제이오엘앤피 **제본** 다온바이텍

ISBN 979-11-306-9739-0 (13590)

· 책값은 뒤표지에 있습니다.
· 파본은 구입하신 서점에서 교환해드립니다.
· 이 책은 저작권법에 의하여 보호를 받는 저작물이므로 무단 전재와 복제를 금합니다.

다산북스(DASANBOOKS)는 독자 여러분의 책에 관한 아이디어와 원고 투고를 기쁜 마음으로 기다리고 있습니다.
책 출간을 원하는 아이디어가 있으신 분은 다산북스 홈페이지 '투고 원고란'으로 간단한 개요와 취지, 연락처 등을 보내주세요.
머뭇거리지 말고 문을 두드리세요.